매머드 사이언스

그림으로 만나는 재미있는 과학책

데이비드 맥컬레이 지음 | **이한음** 옮김

크래들

데이비드 맥컬레이 지음
영국에서 태어난 맥컬레이는 미국 로드아일랜드 디자인 학교에서
건축학을 전공한 후 로마 폼페이 등지에서 공부했다.
인테리어 디자이너, 고등학교 교사로 일했으며,
일러스트레이터로 국제적인 명성을 쌓았다.
『도구와 기계의 원리』, 『팝업으로 만나는 도구와 기계의 원리』,
『놀라운 인체의 원리』, 『미스터리 신전의 미스터리』,
『데이비드 맥컬레이의 건축 이야기』 등 정교한 묘사,
유머와 풍자가 넘치는 책을 다수 냈으며,
칼데콧 상, 독일 청소년 문학상, 보스턴 글로브 혼 북 상 등
미국과 유럽 각국의 도서상도 수차례 수상했다.

이한음 옮김
서울대학교에서 생물학을 공부했고 과학 전문 번역을 하고 있다.
쓴 책으로는 『세상에서 코끼리가 사라진다면?』,
『출동! 동물 어벤저스!』 등이 있고
옮긴 책으로는 『동물 박물관』, 『식물 박물관』,
『우리 몸 100』, 『음식 100』 등이 있다.

매머드 사이언스

2020년 8월 30일 초판 1쇄
데이비드 맥컬레이 지음 | 이한음 옮김
책임편집 김양희 | 디자인 디자인디 김태윤
펴낸이 이은엽 | 펴낸곳 크래들
주소 제주특별자치도 제주시 신대로 14길 24, 802호
출판등록 2015년 12월 24일 | 등록번호 제2015-000031호
전화 064-747-4988 | 팩스 064-747-4987 | 이메일 iobook@naver.com
값 22,000원 | ISBN 979-11-88413-10-2 73400

Mammoth Science
Artwork copyright © 2020 David Macaulay
Text and design copyright © 2020 Dorling Kindersley Limited
A Penguin Random House Company
This Korean language editions is published by arragement with
Dorling Kindersley.

본 저작물의 한국어 판권은 Dorling Kindersley 와의 독점 계약으로
도서출판 크래들에 있습니다. 한국 내에서 저작권법에 따라 보호를 받는 책이므로
무단 전재 및 무단 복제를 금합니다.

이 도서의 국립중앙도서관 출판예정도서목록(CIP)은 서지정보유통지원시스템 홈페이지
(http://seoji.nl.go.kr)와 국가자료종합목록 구축시스템(http://kolis-net.nl.go.kr)에서
이용하실 수 있습니다. (CIP제어번호 : CIP2020019293)

Printed and bound in China

For the curious
www.dk.com

목차

물질
물질의 상태	8
물질의 상태 변화	10
밀도	12
재료	14
혼합물 분리	16
원소	18
원자	20
분자	22
화학 반응	24
빠른 반응	26
연소	28
피에이치(pH) 범위	30

생명
생명이란?	34
세균	36
세포	38
세포의 종류	40
식물	42
꽃	44
씨	46
먹이 사슬	48
소화	50
호흡	52
순환	54
배설	56
뼈	58
근육	60
신경계	62
눈	64
귀	66
신체 방어	68
성장	70
번식	72
디엔에이(DNA)	74
진화	76

에너지
에너지란 무엇일까?	80
열	82
음파	84
빛	86
반사	88
굴절	90
백색광	92
색깔	94
전자기 복사	96
정전기	98
전류	100
자기	102

힘
힘이란 무엇일까?	106
변형력	108
가속도	110
운동량	112
작용과 반작용	114
중력	116
마찰	118
항력	120
압력	122
유압	124
부력	126
비행	128
단순한 기계들	130

지구와 우주
지구	134
판 구조론	136
암석	138
화석	140
물의 순환	142
계절	144
기후	146
온실 효과	148
달	150
태양계	152
은하수	154

용어 설명	156
찾아보기	158

물질

물질의 상태

우리 주변의 모든 것은 물질로 이루어져 있어요. 나무에서 컴퓨터와 우리가 숨 쉬는 공기에 이르기까지, 어떤 공간을 차지하는 것은 모두 물질이에요. 물질은 주로 세 가지 상태로 존재해요. 고체, 액체, 기체이지요. 물질은 고체가 액체가 되듯이, 한 상태에서 다른 상태로 바뀔 수 있어요. 그래도 여전히 똑같은 작은 입자들로 이루어져 있지요. 상태에 따라서 입자들이 행동하는 방식이 달라질 뿐이에요. 세 비커에 든 매머드들은 그 차이를 잘 보여 주어요.

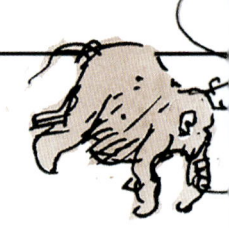

자유롭게 떠다니기
매머드로 이루어져 있지 않은 진짜 기체는 대개 알아보기가 훨씬 어려워요.

고체
이 비커의 매머드 물질은 고체를 이루고 있어요. 입자들은 서로 꽉 얽혀서 튼튼하면서 빽빽한 구조를 이루고 있으며, 서로를 놓아주지 않으려고 해요. 그래서 고체는 딱딱하게 고정된 모양을 하고 있어요.

고체는 같은 모양을 계속 유지해요.

액체
여기에 든 매머드 물질은 액체예요. 입자들은 고체보다 덜 빽빽하게 모여 있고, 서로 미끄러질 수 있어요. 입자들이 흐르면서 물질이 통의 모양에 따라 변해요.

매머드 물질
매머드는 물질을 이루는 작은 알갱이(입자)를 나타내요. 매머드 물질을 이루는 입자들은 언제나 똑같지만, 입자들의 행동은 물질의 상태에 따라서 크게 달라져요.

기체

기체인 매머드 물질은 열어 둔 비커 밖으로 날아갈 수 있어요. 입자들은 서로 얽매여 있지 않고, 자유롭게 돌아다니면서 공간을 채워요.

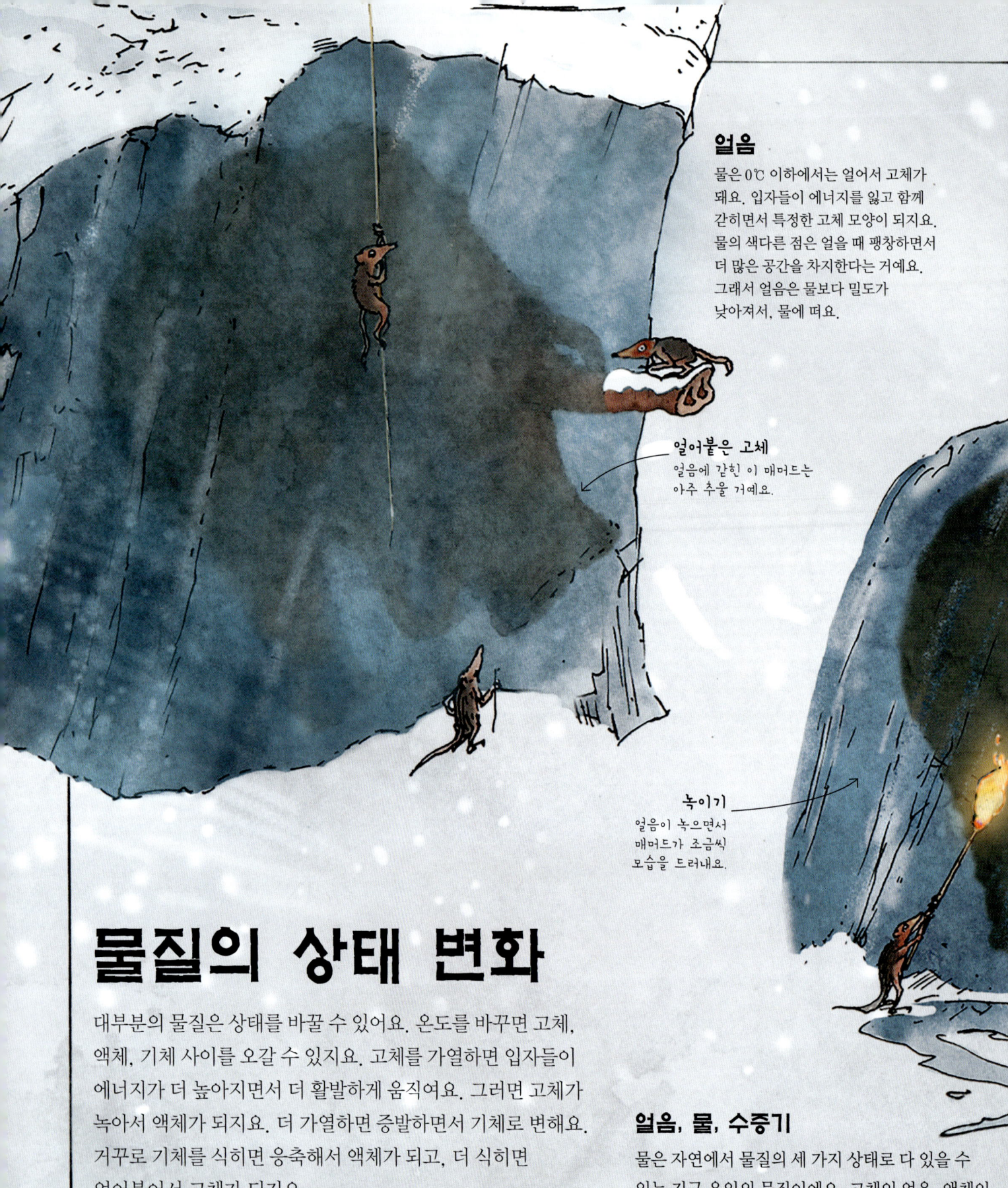

얼음

물은 0℃ 이하에서는 얼어서 고체가 돼요. 입자들이 에너지를 잃고 함께 갇히면서 특정한 고체 모양이 되지요. 물의 색다른 점은 얼 때 팽창하면서 더 많은 공간을 차지한다는 거예요. 그래서 얼음은 물보다 밀도가 낮아져서, 물에 떠요.

얼어붙은 고체
얼음에 갇힌 이 매머드는 아주 추울 거예요.

녹이기
얼음이 녹으면서 매머드가 조금씩 모습을 드러내요.

물질의 상태 변화

대부분의 물질은 상태를 바꿀 수 있어요. 온도를 바꾸면 고체, 액체, 기체 사이를 오갈 수 있지요. 고체를 가열하면 입자들이 에너지가 더 높아지면서 더 활발하게 움직여요. 그러면 고체가 녹아서 액체가 되지요. 더 가열하면 증발하면서 기체로 변해요. 거꾸로 기체를 식히면 응축해서 액체가 되고, 더 식히면 얼어붙어서 고체가 되지요.

얼음, 물, 수증기

물은 자연에서 물질의 세 가지 상태로 다 있을 수 있는 지구 유일의 물질이에요. 고체인 얼음, 액체인 물, 기체인 수증기로요. 이 얼어붙은 매머드에게는 다행스럽게도, 물의 상태를 바꾸는 일은 그리 어렵지 않아요. 열을 가하기만 하면 돼요.

한 상태에서 다른 상태로

물은 한 상태에서 다른 상태로 끊임없이 옮겨 갈 수 있어요. 얼음은 녹아서 물이 되고, 물은 증발해서 수증기가 되지요. 또 수증기는 응축하여 물이 되고, 물은 얼어서 얼음이 돼요. 대개 물질은 액체 상태를 거쳐서 기체나 고체로 바뀌지만, 특정한 상황에서는 이 단계를 건너뛰어서 고체에서 바로 기체가 되기도 해요. 이를 승화라고 해요. 반대로 기체가 곧바로 고체가 될 수도 있어요. 그것도 승화라고 해요.

물

고체가 액체로 변하는 온도를 녹는점이라고 해요. 물의 녹는점은 0℃예요. 얼음을 이 온도 이상으로 가열하면, 고체에 갇혀 있던 입자들이 충분히 에너지를 얻어서 서로 떨어져 나가면서 액체가 돼요.

수증기

액체가 에너지를 더 얻으면, 입자들이 더 빨리 움직이면서 온도가 더 올라가요. 어떤 입자는 증발할 만큼 에너지를 충분히 얻어요. 그러면 공기 속으로 달아나서 수증기 또는 증기라는 기체가 되지요.

말리기
불의 온기로 물이 수증기로 변하면서 매머드의 젖은 털이 점점 말라요.

뜨거운 증기
증기는 눈에 보이지 않아요. 주전자 물이 끓을 때 보이는 안개를 증기라고도 하지만, 그 안개는 사실 아주 미세한 물방울로 이루어져 있어요.

11

밀도

지구의 모든 물체는 물질로 되어 있지만, 물질이 얼마나 빽빽하게 들어 있는지는 물체마다 다 달라요. 밀도는 한 물체가 부피에 비해 질량이 얼마나 되는지를 잰 값이에요. 부피는 물체가 차지하는 공간이고, 질량은 물질의 양을 말해요. 고체인 물체는 입자들이 더 빽빽하게 모여 있기 때문에 밀도가 더 높아요. 액체와 기체는 대개 입자들이 더 성기게 흩어져 있어서 밀도가 더 낮아요.

무게 재기

서로 다른 매머드 세 마리가 체중계에 올라가 있어요. 모습과 크기는 비슷해 보이지만, 체중계를 보면 질량이 서로 전혀 다르다는 것을 알 수 있어요. 세 마리는 부피는 같아도 밀도가 크게 다르기 때문이에요.

털실 인형 매머드
부드러운 털실 사이에 많은 공기가 갇혀 있어서, 몸이 살과 뼈로 이루어진 매머드보다 훨씬 밀도가 낮아요.

진짜 매머드
매머드는 털과 뼈 같은 다양한 물질로 이루어져 있어요. 밀도가 화강암보다는 낮지만 털실보다는 높아요.

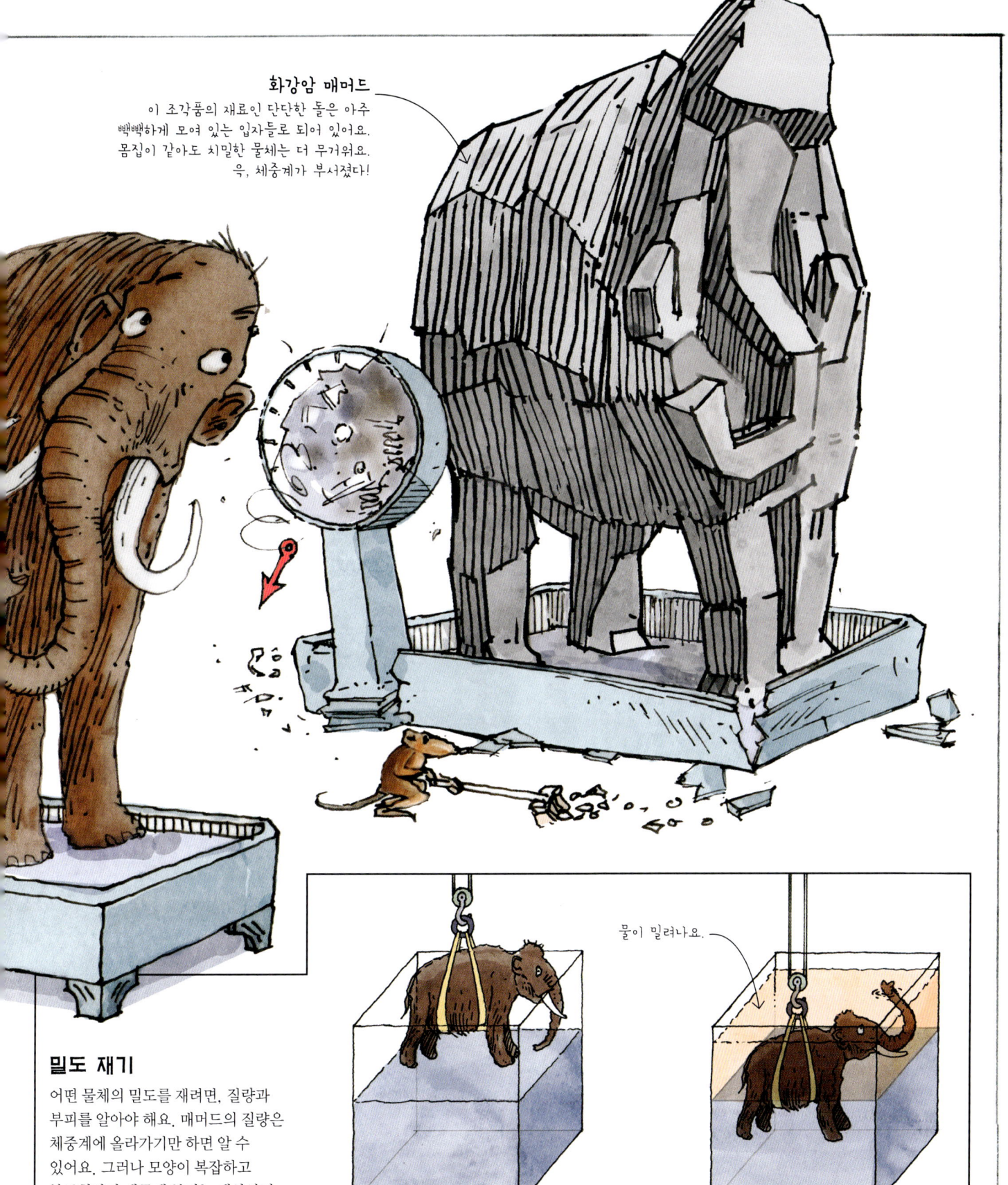

화강암 매머드
이 조각품의 재료인 단단한 돌은 아주 빽빽하게 모여 있는 입자들로 되어 있어요. 몸집이 같아도 치밀한 물체는 더 무거워요. 윽, 체중계가 부서졌다!

밀도 재기

어떤 물체의 밀도를 재려면, 질량과 부피를 알아야 해요. 매머드의 질량은 체중계에 올라가기만 하면 알 수 있어요. 그러나 모양이 복잡하고 불규칙하기 때문에 부피는 계산하기 까다로울 수 있어요. 그럴 때에는 배수량이라는 방법을 써서 부피를 잴 수 있어요.

물통에 담그기
매머드를 물에 담그면, 매머드의 부피만큼 물이 밀려나요.

물이 밀려나요.

수위 상승
밀려난 물의 양은 매머드의 부피와 같으며, 측정하기가 훨씬 쉬워요.

재료

우리 주위의 모든 물체는 재료로 이루어져 있어요. 나무, 금속, 세라믹처럼 자연에서 발견되는 물질로 만든 재료도 있어요. 화학 반응으로 만드는 것도 있는데, 합성 물질이라고 해요. 물체는 여러 가지 재료를 섞어서 만들기도 해요. 각 재료는 나름의 특성을 지니고 있어요.

유리 돔
투명한 유리창은 시야를 가리지 않으면서 바람과 비를 막아 줘요. 유리는 모래와 몇 가지 화학 물질을 섞어서 가열하여 만들어요.

유리 섬유 낚싯대
유리 섬유는 유리와 플라스틱으로 만든 가볍고 튼튼한 복합 재료예요.

낚시

코끼리땃쥐가 낚시하러 가요. 그런데 엄청난 준비를 했네요. 땃쥐들은 꼼꼼하게 재료를 골라서 직접 멋진 캠핑카를 만들었어요. 모든 재료는 저마다 특성이 있어요. 그래서 어떤 일에는 쓸모가 많지만, 다른 일에는 전혀 쓸모가 없을 때도 있어요. 나무는 단단하고 튼튼해서 이 차의 몸통을 만드는 데 딱 좋아요. 하지만 잠잘 때 이불로 쓰기에는 아주 불편해요.

고무호스
고무는 잘 구부러져서 관을 만들 때 좋은 천연 재료예요. 부드럽고 가볍고 방수가 되니까요.

강철 지지대
강철은 철과 탄소의 혼합물이에요. 무겁지만 굉장히 튼튼해서, 흔들리지 않게 받쳐야 할 곳에 쓰여요.

복합 재료
둘 이상의 재료를 섞으면, 각 재료의 가장 유용한 특성을 고루 갖춘 복합 재료가 돼요. 탄소 섬유 복합재처럼요. 이 재료는 플라스틱으로 감싼 아주 가느다란 탄소 가닥들을 엮은 거예요. 튼튼하면서 가볍고, 열에 잘 견뎌요. 비행기와 경주용 자동차의 몸통을 만드는 데 쓰여요.

가느다란 섬유
탄소 섬유가 플라스틱 수지에 단단히 박혀 있어요.

혼합물 분리

혼합물은 둘 이상의 물질이 섞인 거예요. 액체, 고체, 기체로 있을 수도 있고, 그것들이 섞여 있을 수도 있어요. 우리가 마시는 공기는 여러 기체의 혼합물이고, 바닷가 모래는 여러 고체의 혼합물이에요. 혼합물은 화합물과 달라요. 화합물은 화학적으로 결합되어 있지만, 혼합물은 그렇지 않아요. 화학 결합으로 묶여 있지 않아서 다시 쉽게 분리할 수 있어요. 방법만 알면요.

모래 혼합물 이 혼합물은 짠 바닷물, 돌 부스러기, 모래가 섞인 거예요.

체질 가장 큰 덩어리가 체에 남아요.

분리된 고체 체질, 윗물 따라 내기, 여과는 액체와 고체를 분리하는 방법이에요. 윗물 따라 내기는 고체가 바닥에 가라앉을 때까지 기다렸다가 윗물만 따라 내는 거예요.

자기력 자석은 모래에 섞인 쇳가루를 제거해요.

윗물 따라 내기 (침전 분리) 바닥에 고인 모래만 남겨요.

여과 여과지에 있는 미세한 구멍들을 통해 액체는 빠져나가고 고체 알갱이만 남아요.

짠 용액 걸러진 액체는 물과 소금의 혼합물이에요.

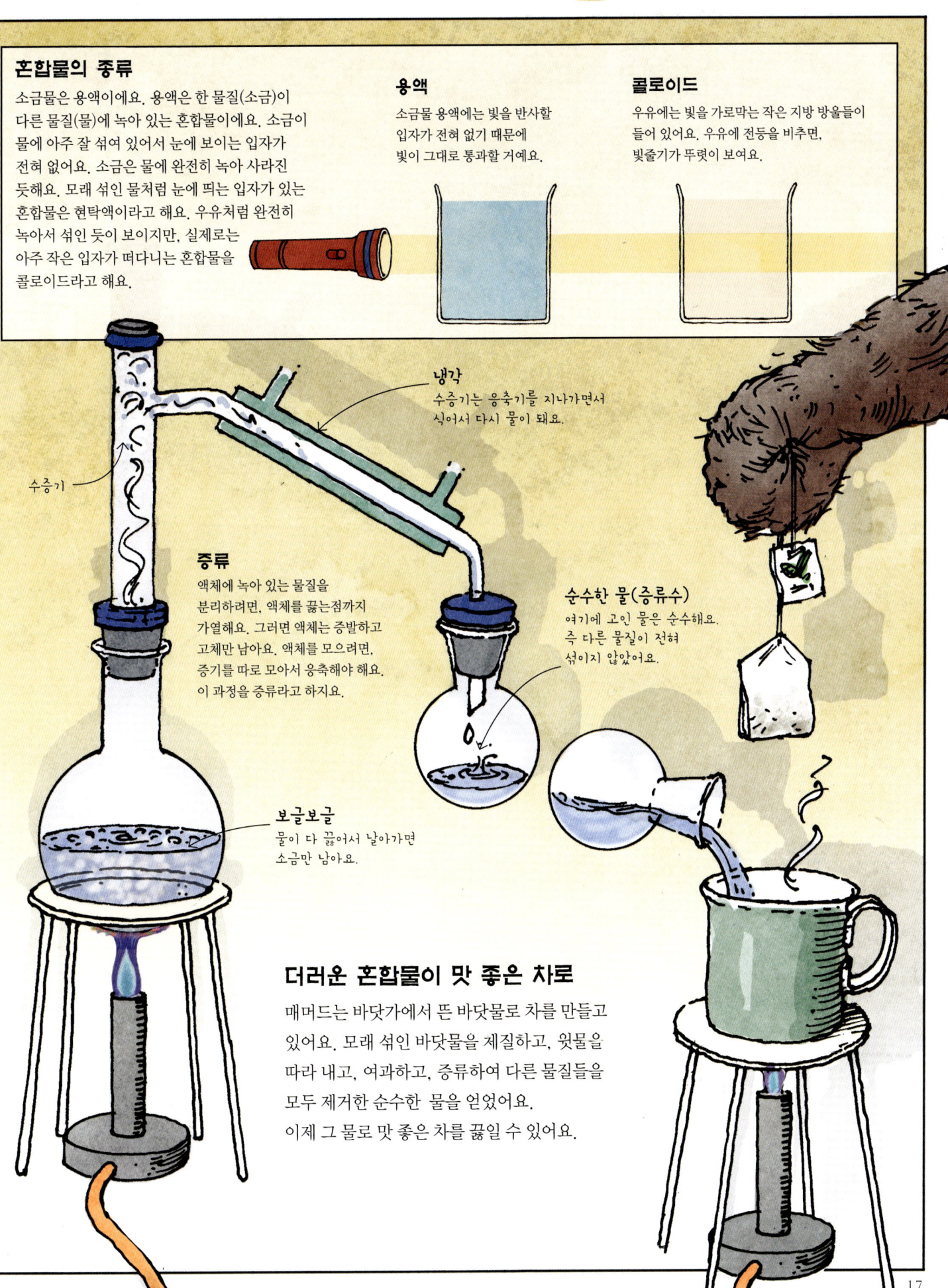

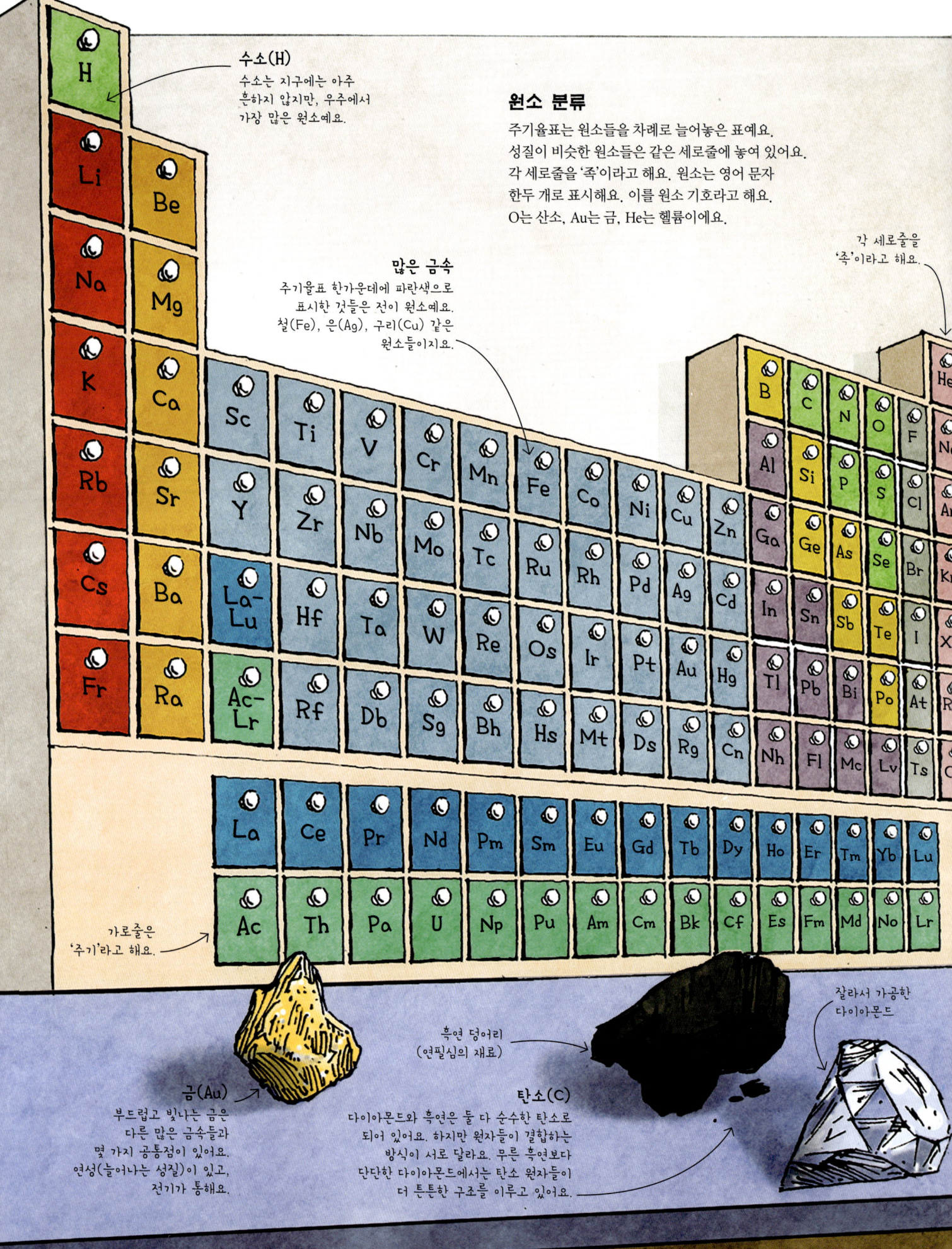

원소

우주의 모든 것은 물질로 이루어져 있어요. 물질을 가장 단순해질 때까지 쪼개면, 원소가 남을 거예요. 원소는 산맥에서 매머드에 이르기까지 세상 만물의 기본 구성단위예요. 산소와 탄소처럼 대부분의 원소는 자연에서 발견되지만, 과학자들이 실험실에서 만든 것도 있어요.

원소 검사

원소마다 성질이 서로 달라요. 원소들은 대부분 상온(실내 온도)에서 고체예요. 철과 금 같은 금속 원소는 대개 고체이지요. 탄소와 황 같은 원소는 비금속이면서 고체예요. 반면에 산소, 수소, 헬륨처럼 상온에서 기체인 원소도 많아요.

매머드는 어떤 원소로 이루어져 있을까?
모든 동물처럼, 매머드도 주로 산소, 탄소, 수소로 이루어져 있어요. 이 세 원소는 모든 생물의 주성분이에요.

염소(Cl)
이 연두색 기체는 반응성(다른 원소들과 빨리 결합하는 성질)이 아주 강하고, 독성도 강해요.

수은(Hg)
상온에서 액체인 별난 금속이에요. 보기에는 아름답지만, 매우 유독한 증기를 내뿜어요.

원자

원자는 모든 물질을 이루는 아주 작은 기본 단위예요. 우리가 아는 모든 것은 원자로 이루어져 있어요. 별, 책, 매머드, 우리 몸도 그렇지요. 원자는 아주 작아서 마침표 안에 70억 개가 들어갈 수 있어요. 원자를 만들려면 더욱 작은 세 가지 입자가 필요해요. 양성자, 중성자, 전자예요.

원자 만들기

이 매머드의 원자 만들기 모형은 원자의 구조를 보여 주어요. 한가운데 있는 원자핵(핵)은 양성자와 중성자로 되어 있어요. 그 바깥을 전자들이 바쁘게 윙윙 돌고 있어요. 전자들이 도는 곳을 껍질이라고 해요. 원자는 양전하를 띤 양성자와 음전하를 띤 전자 사이의 인력으로 유지되지요.

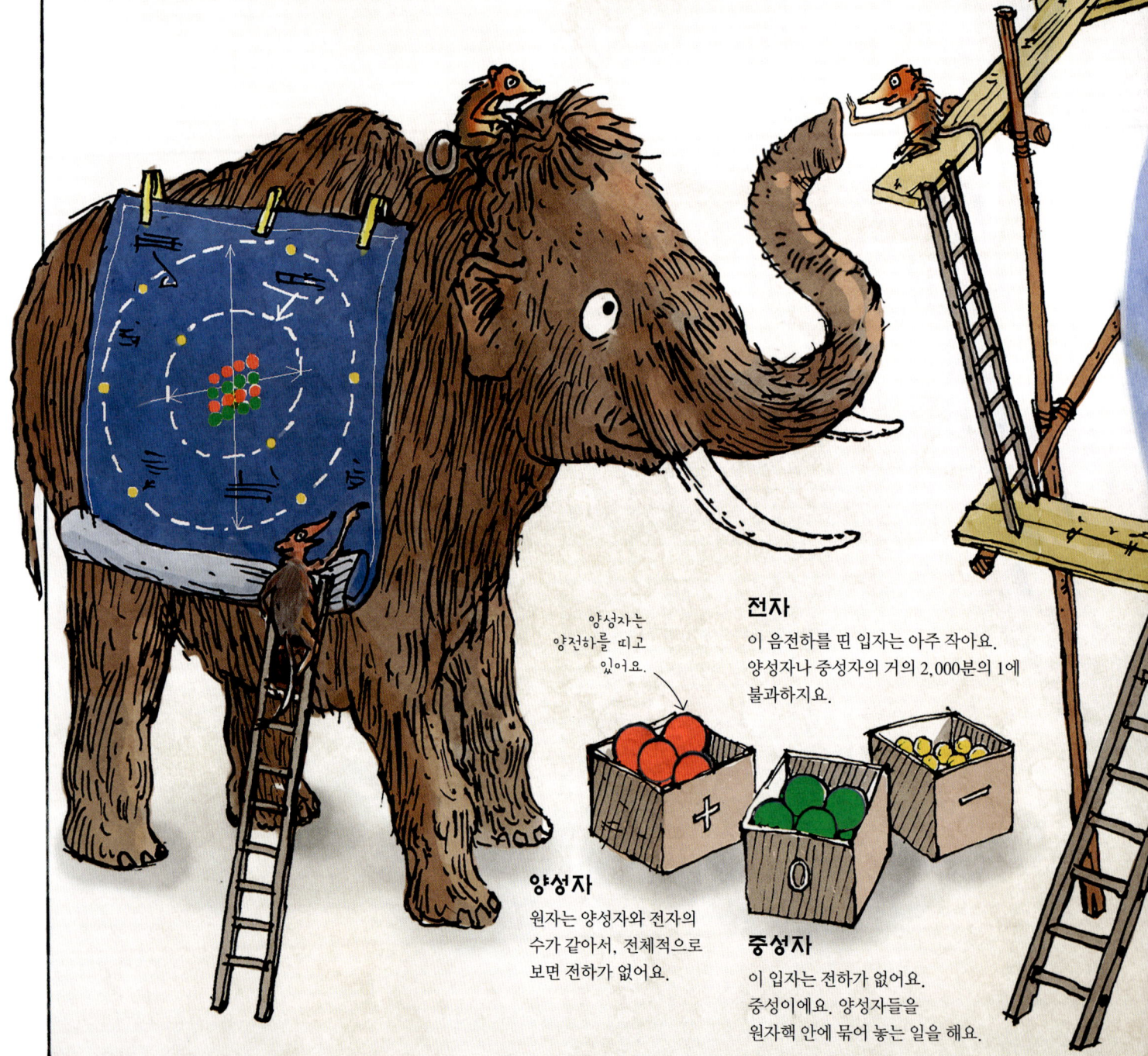

양성자는 양전하를 띠고 있어요.

전자
이 음전하를 띤 입자는 아주 작아요. 양성자나 중성자의 거의 2,000분의 1에 불과하지요.

양성자
원자는 양성자와 전자의 수가 같아서, 전체적으로 보면 전하가 없어요.

중성자
이 입자는 전하가 없어요. 중성이에요. 양성자들을 원자핵 안에 묶어 놓는 일을 해요.

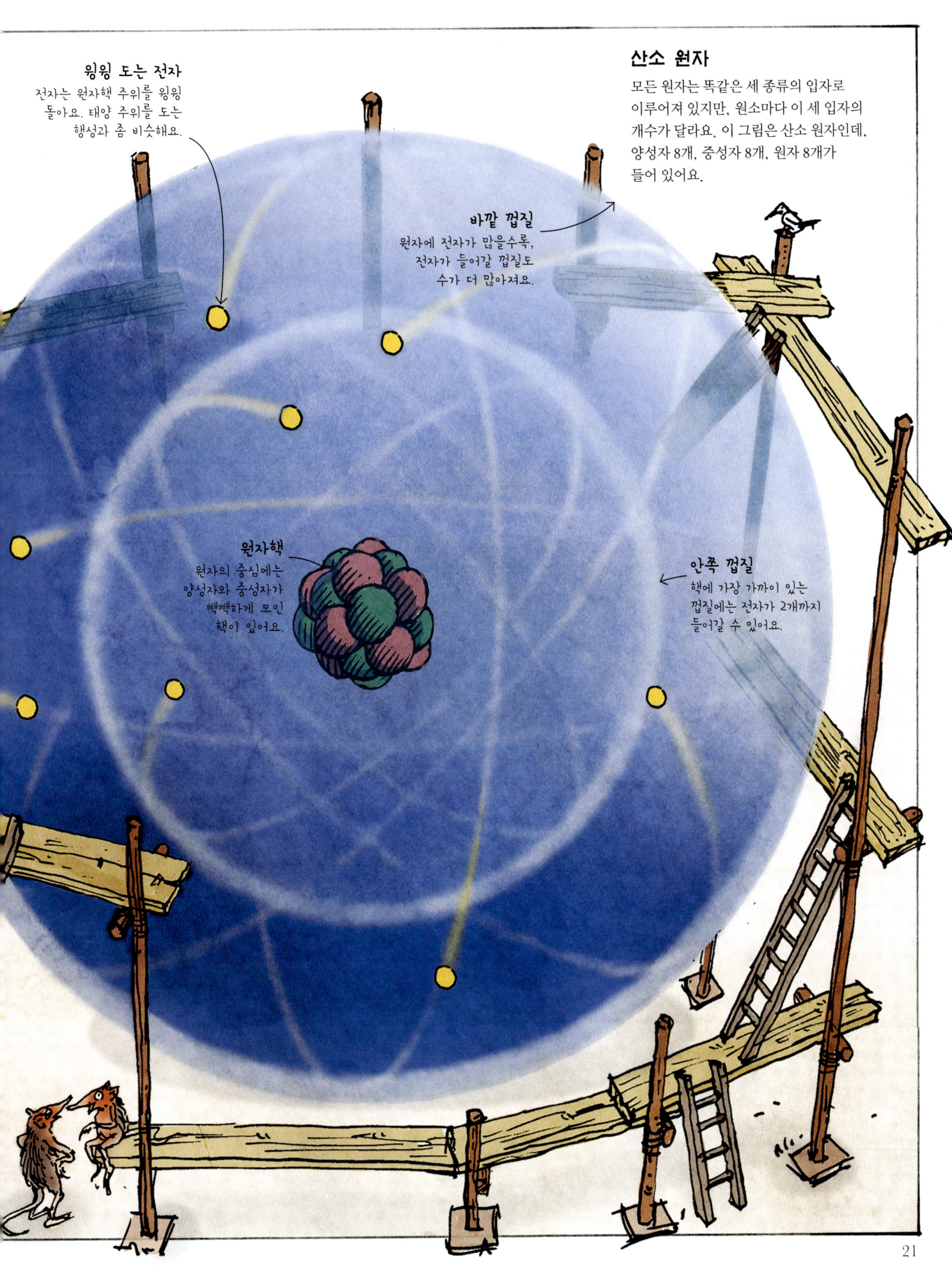

분자

분자는 두 개 이상의 원자들이 결합한 거예요.
원자 수천 개로 이루어진 아주 큰 분자도 있고,
겨우 두세 개로 된 단순한 분자도 있어요.
한 종류의 원자만으로 이루어진 분자도 있어요.
이런 분자들은 홑원소 분자라고 하지요.
다양한 원소의 원자들이 결합한 분자도 있고요.
그런 분자는 화합물이라고 해요. 모든 분자의
공통점은 화학 결합으로 묶여 있다는 거예요.

완성된 분자

이 화학 물질 건설 현장에서는 색깔 없는 두 기체를
결합해서 지구에서 가장 중요한 화합물 하나를
만들고 있어요. 바로 물이에요. 물은 모든 생물에
반드시 필요해요. 우리의 마른 목도
축여 주지요. 물 분자를 만들려면,
산소 원자 한 개를
수소 원자 두 개와
결합하면 돼요.

화학 결합은 어떻게 일어날까?

한 분자의 원자들은 전자를 공유하기 때문에 결합되어 있어요.
각 원소(18-19쪽 참조)의 원자는 본래 지닌 전자의 개수가 달라요.
전자는 원자핵 주위에 전자껍질을 만들어요. 전자껍질마다 최대로
들어갈 수 있는 전자의 수가 정해져 있어요. 바깥 껍질에 전자가
꽉 차 있지 않으면, 원자는 다른 원자와 전자를 공유해서 빈자리를
채워요. 그렇게 전자를 함께 쓰면 화학 결합이 이루어진 거예요.

수소
수소 원자는 바깥
껍질을 채우려면
전자가 한 개 더
필요해요.

산소
산소 원자는 바깥 껍질을
채우려면 전자가 두 개 더
필요해요.

공유 전자쌍
산소 원자는 전자 한 개를
수소 원자와 공유하고,
수소 원자도 전자 한 개를
산소 원자와 공유해요.

물 분자
이 산소 원자는
두 수소 원자와 결합해서
바깥 껍질을 채워요.

수소 원자
수소 원자는 전자를
한 개만 지니고 있어요.
하지만 전자껍질에는 전자
두 개가 들어갈 수 있지요.
산소 원자와 결합하면
바깥 껍질에 전자가
하나 더 채워져요.

**수소 핵은
양성자 하나로
되어 있어요.**

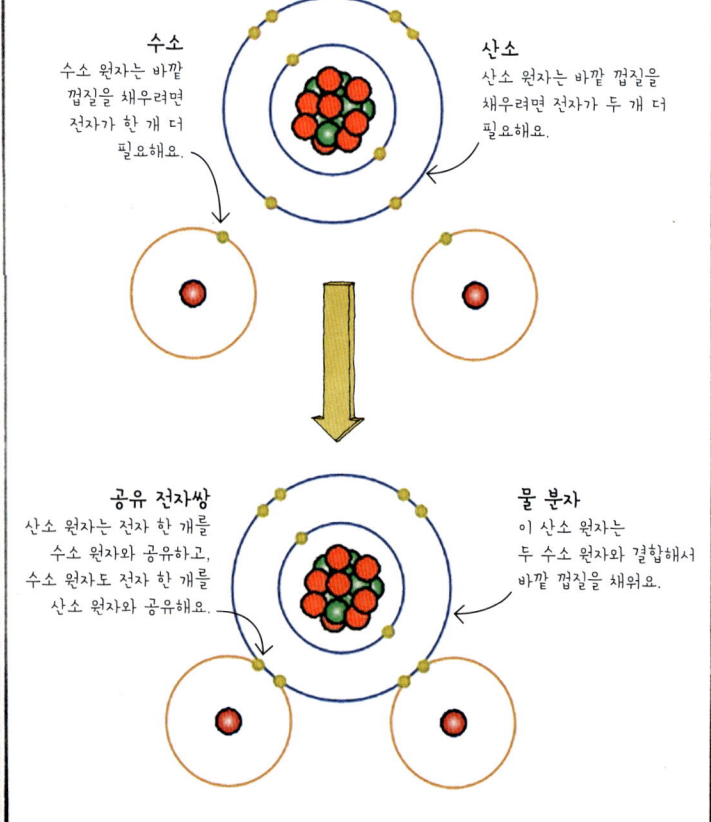

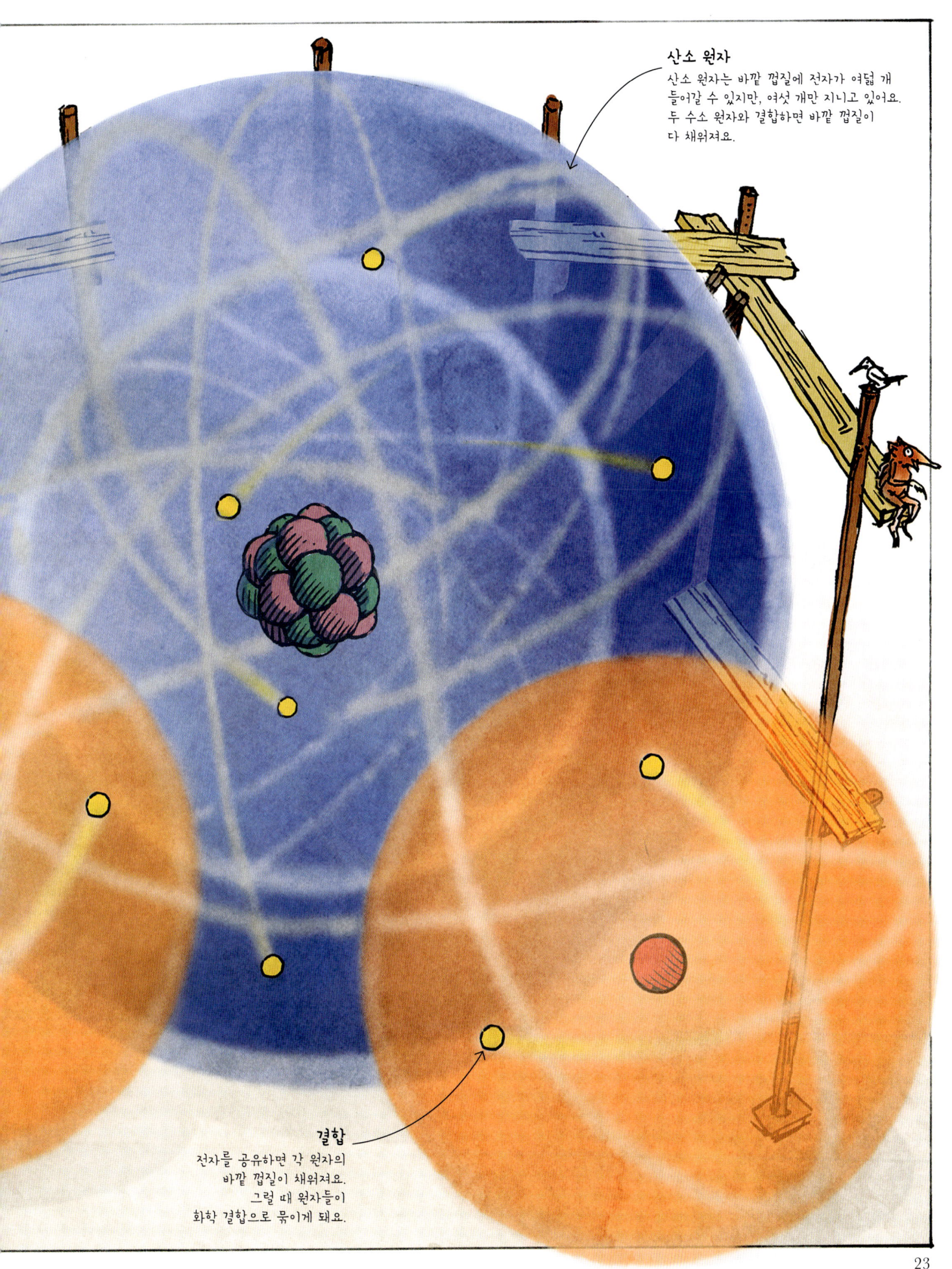

산소 원자
산소 원자는 바깥 껍질에 전자가 여덟 개 들어갈 수 있지만, 여섯 개만 지니고 있어요. 두 수소 원자와 결합하면 바깥 껍질이 다 채워져요.

결합
전자를 공유하면 각 원자의 바깥 껍질이 채워져요. 그럴 때 원자들이 화학 결합으로 묶이게 돼요.

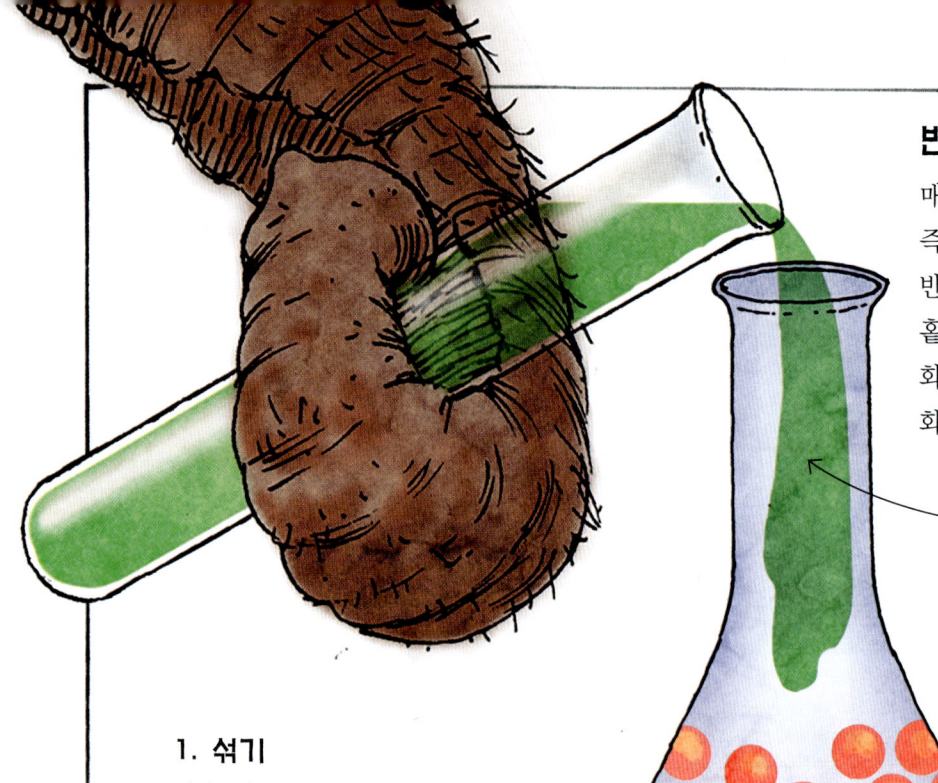

반응 일으키기

매머드는 실험실에 와 있어요. 두 화학 물질, 즉 반응 물질을 섞어서 반응을 일으키려고 해요. 반응 물질은 한 종류의 원자만으로 이루어진 홑원소 분자일 수도 있고, 둘 이상의 원소로 된 화합물일 수도 있어요. 반응 물질을 이루고 있던 화학 결합이 끊어질 때, 화학 반응이 일어나요.

초록 액체
반응 물질 중 하나는 초록 액체예요.

1. 섞기

매머드가 초록 액체를 빨간 가루에 조심스럽게 부은 뒤, 재빨리 뒤로 물러나요. 반응 물질을 그냥 섞기만 해도 반응이 일어날 때도 있고, 섞은 뒤 열을 가해야 반응이 일어날 때도 있어요.

빨간 가루
두 번째 반응 물질은 빨간 가루예요.

화학 반응

고체는 녹아서 액체가 되면, 전혀 다른 물질처럼 보이기도 해요. 하지만 녹는 것은 물리적 변화예요. 즉 물질 자체는 변하지 않고 물질의 상태만 바뀌는 거예요. 그런데 두 물질이 가까워지면, 전혀 다른 종류의 변화가 일어날 때도 있어요. 각 물질의 원자와 분자가 서로 뒤섞이고 재결합하면서 전혀 다른 물질이 생기는 거죠.
이때 일어나는 일을 화학 반응이라고 해요.

우리 주변의 반응들

화학 반응은 과학 실험실에서만 일어나는 것이 아니에요. 우리 주변에서도 늘 일어나고 있어요. 케이크를 구우면, 화학 반응이 일어나서 걸쭉하게 반죽된 재료들이 전혀 새로운(그리고 맛있는) 물질로 바뀌어요. 케이크로요. 또 케이크를 먹으면, 위장에서 소화를 돕는 화학 반응이 일어나지요.

케이크 반죽

초콜릿 케이크

재료

피어오르는 기체
화학 반응 때 기체도 생겨요. 화학 반응은 원자를 새로 만들거나 없애는 것이 아니에요. 반응 물질에 있던 원자들은 모두 최종 산물에 다 들어 있어요.

열과 빛
화학 반응이 일어나고 있다는 신호예요.

2. 쉬익, 펑, 쾅!
두 물질을 섞자마자 반응이 일어나기 시작해요. 원자와 분자 사이에 화학 결합이 끊기고 새로운 결합이 생기고 있어요.

새로운 물질
노란 가루가 새로 생겼어요.

3. 최종 산물
화학 반응으로 생긴 물질을 산물이라고 해요. 반응 물질과 전혀 다른 산물이 생기기도 해요.

빠른 반응

화학 반응은 아주 느리게 일어나는 것도 있고, 눈 깜박할 사이에 일어나는 것도 있어요. 폭발은 열, 빛, 소리를 왈칵 내뿜으면서 일어나는 아주 빠른 반응이에요. 기체를 아주 빨리 뿜어내기 때문에 펑 하고 터지면서 흩날려요. 불꽃놀이는 폭발과 화려한 색깔을 내는 화학 반응을 이용하여 밤하늘에 멋진 장관을 펼치지요.

빠른 로켓(발사포)
화약이 터지면서 로켓이 빠르게 공중으로 치솟아요.

현란한 불꽃
다양한 색깔의 불꽃은 로켓에 들어 있는 '별'에서 나와요. 별은 금속 가루를 반죽한 거예요. 금속에 따라서 탈 때 생기는 색깔이 달라요.

1. 도화선
도화선은 느리게 타기 때문에, 불을 붙인 뒤 물러날 시간이 충분해요.

2. 빠른 발사 화약
발사 화약은 빨리 타면서 로켓을 하늘로 밀어 올려요.

다양한 색깔의 별

발사 화약

발사관

3. 느린 활화약
로켓이 하늘 높이 올라가면, 활화약이 터져요. 그때 별이 타면서 흩어져요.

로켓 반응

불꽃놀이는 몇 가지 빠른 반응을 통해 일어나요. 도화선에 불을 붙이면, 도화선이 타들어 가면서 안에 든 발사 화약에 불을 붙여요. 그러면 폭발이 일어나면서 로켓이 하늘로 솟구쳐요. 로켓이 높이 올라가면, 다시 폭발이 일어나면서 '별'에 불이 붙어요. 별은 여러 가지 금속 가루를 반죽한 것으로, 불이 붙으면 화려한 색깔의 불꽃을 뿜어내면서 확 흩어져요.

느린 반응

녹은 느린 반응 중 하나예요. 자전거를 비바람이 치는 곳에
오래 놔두면, 조금씩 녹이 슬어요. 자전거의 금속 뼈대에 든
철이 공기 속의 물과 산소와 반응해서 주황색의
산화철이 되기 때문이에요. 그게 바로 녹이에요.
시간이 흐르면서 금속은 점점 더 녹이 슬어요.
이윽고 조각조각 부서지지요.

연소

아늑한 모닥불의 불은 빛과 열을 뿜어내요.
마시멜로 한두 개를 굽고도 남을 열이에요.
불이 탈 때, 연소라는 화학 반응이 일어나요.
연소 때에는 에너지가 생기며, 물과 이산화탄소,
때로는 다른 화학 물질들도 생성되지요.
연소는 사람에게 가장 쓸모 있는 반응 중
하나이지만, 쉽사리 통제를 벗어날 수 있어요.
이 매머드 소방관들은 언제든 불을 끌 준비가
되어 있지요.

소방 담요
불을 담요로 덮어서
산소가 불에 닿지 않게 해요.

산소
불이 계속 타려면 산소가 필요해요.
우리 주위의 공기 중 20퍼센트는 산소예요.
산소가 와 닿는 한 불은 계속 타오를 수 있어요.
산소는 우리가 내쉬는 숨에도 들어 있어서,
깜부기불에 천천히 숨을 불면,
불길이 세지면서 빨갛게 타올라요.

불의 3요소

불이 붙고 계속 타려면 세 가지가 필요해요.
산소, 연료, 열이에요. 이를 불의 3요소라고 해요.
이 지식을 써서 불을 활활 타오르게 할 수도 있고,
불을 끌 수도 있어요. 3요소 중 어느 하나를 없애면,
불은 꺼져요.

필수적인 산소

산소가 많을 때에는, 연소 때 물과
무해한 기체인 이산화탄소가 나와요.
산소가 부족할 때는 불완전 연소가
일어날 수 있어요. 그럴 때 연료 중 일부는
검댕과 위험한 기체인 일산화탄소로 변해요.
불꽃의 색깔을 보면 연소가 완전히 일어나는지,
불완전하게 일어나는지 알 수 있어요.

분젠 버너
파란 불꽃은
완전 연소를 뜻해요.

검댕을 내뿜는 촛불
노란 불꽃은
불완전 연소를 뜻해요.

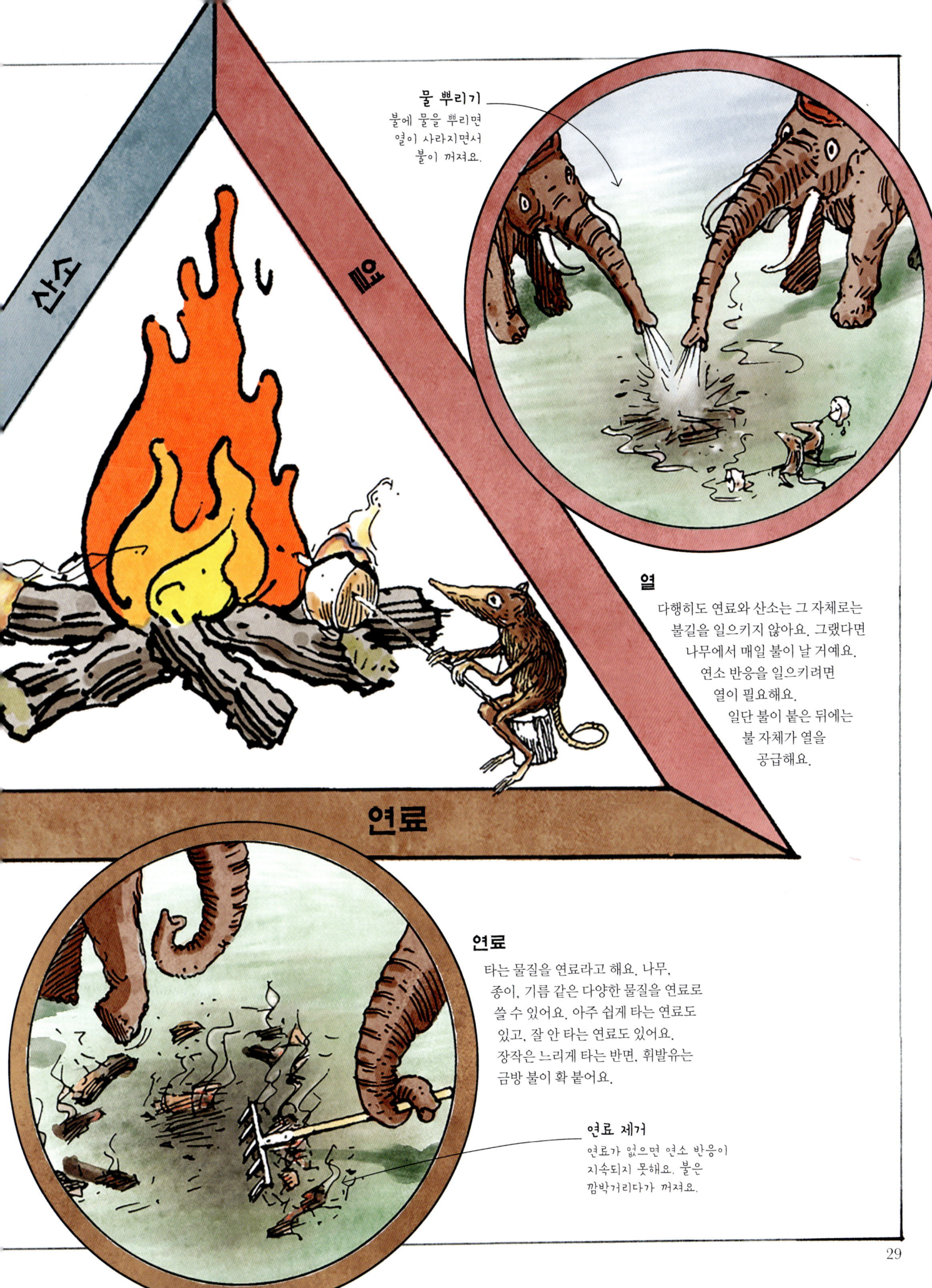

물 뿌리기
불에 물을 뿌리면 열이 사라지면서 불이 꺼져요.

열
다행히도 연료와 산소는 그 자체로는 불길을 일으키지 않아요. 그랬다면 나무에서 매일 불이 날 거예요. 연소 반응을 일으키려면 열이 필요해요. 일단 불이 붙은 뒤에는 불 자체가 열을 공급해요.

연료
타는 물질을 연료라고 해요. 나무, 종이, 기름 같은 다양한 물질을 연료로 쓸 수 있어요. 아주 쉽게 타는 연료도 있고, 잘 안 타는 연료도 있어요. 장작은 느리게 타는 반면, 휘발유는 금방 불이 확 붙어요.

연료 제거
연료가 없으면 연소 반응이 지속되지 못해요. 불은 깜박거리다가 꺼져요.

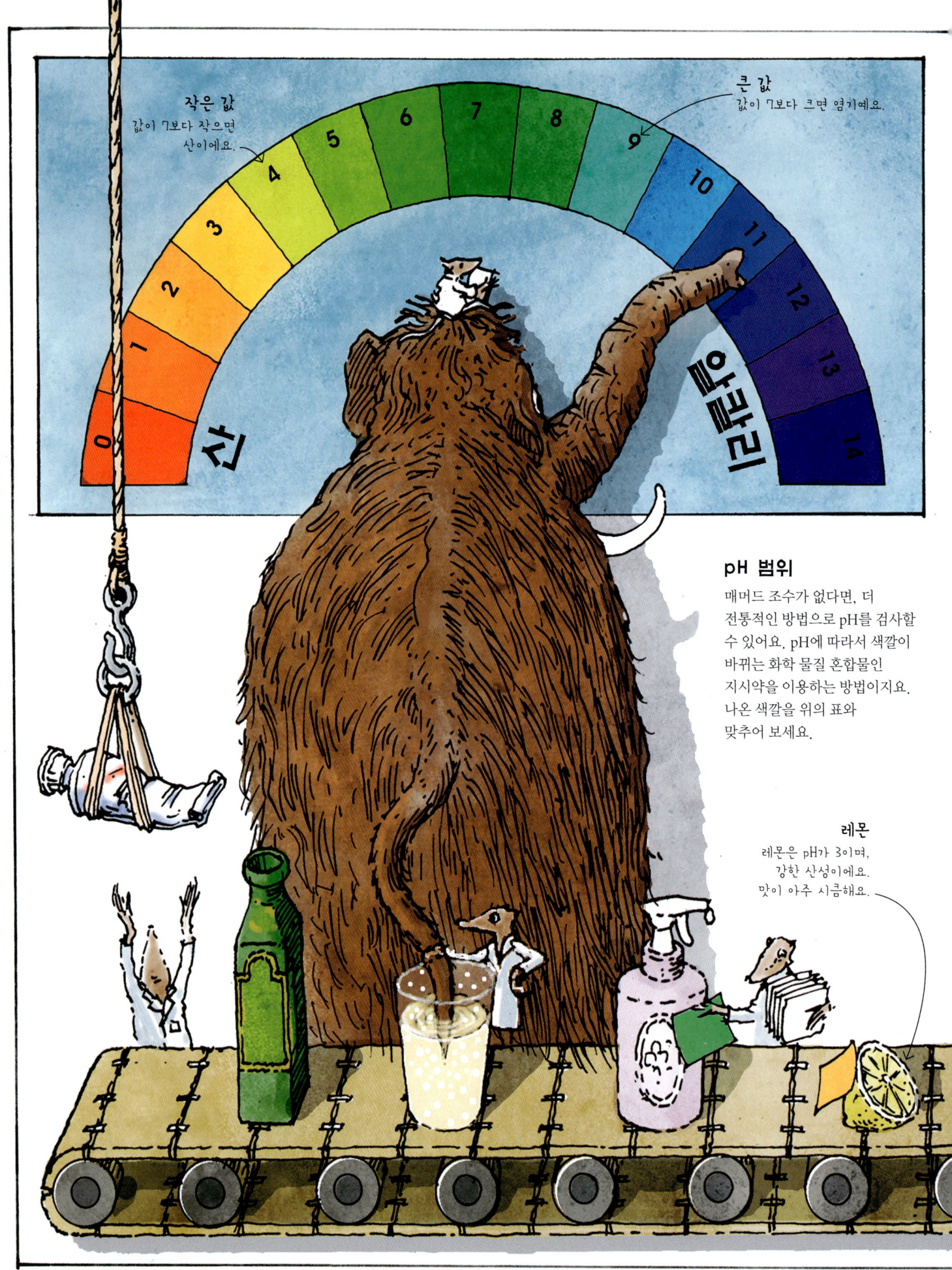

작은 값 값이 7보다 작으면 산이에요.

큰 값 값이 7보다 크면 염기예요.

산

알칼리

pH 범위

매머드 조수가 없다면, 더 전통적인 방법으로 pH를 검사할 수 있어요. pH에 따라서 색깔이 바뀌는 화학 물질 혼합물인 지시약을 이용하는 방법이지요. 나온 색깔을 위의 표와 맞추어 보세요.

레몬

레몬은 pH가 3이며, 강한 산성이에요. 맛이 아주 시큼해요.

피에이치 (pH) 범위

산성도는 모든 물질이 지닌 중요한 성질이에요. 약산은 많은 식품에 들어 있으며 신맛을 내요. 강산은 금속을 부식시키거나 피부를 손상시킬 수 있어요. 산의 반대는 염기예요. 염기를 물에 녹이면 알칼리라고 해요. 염기는 대개 쓴맛을 내지요. 지방과 기름을 분해하기 때문에 세제로 쓰곤 해요. 강알칼리는 강산만큼 위험할 수 있어요.

산일까, 알칼리일까?

아래 컨베이어 벨트에 놓인 물건들이 산인지 알칼리인지 검사를 하는 중이에요. 과학자들은 pH 범위를 써서 측정을 해요. pH 범위는 0에서 14까지예요. 값이 작은 쪽이 산이고, 큰 쪽이 알칼리지요. 7은 중성이에요. 산을 알칼리와 섞으면, 중화가 일어나서 중성이 되지요.

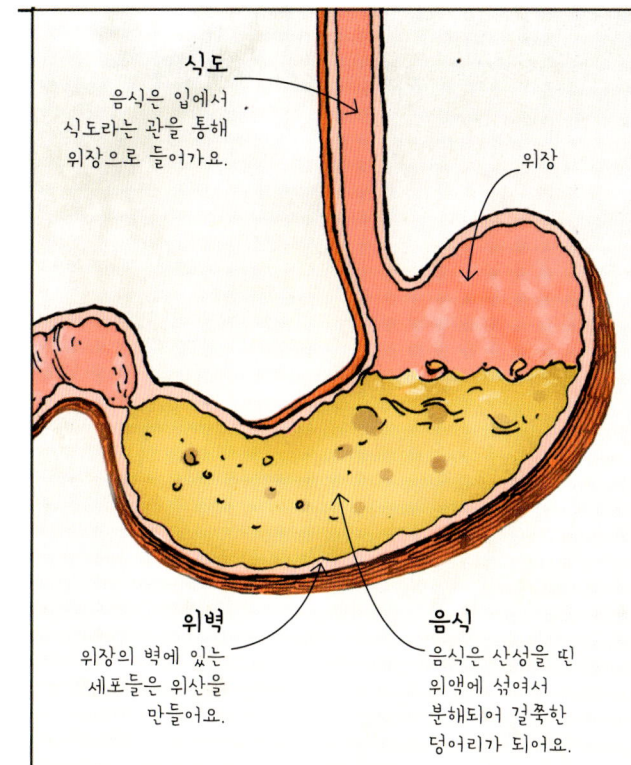

식도
음식은 입에서 식도라는 관을 통해 위장으로 들어가요.

위장

위벽
위장의 벽에 있는 세포들은 위산을 만들어요.

음식
음식은 산성을 띤 위액에 섞여서 분해되어 걸쭉한 덩어리가 되어요.

위산
우리 몸속에서는 아주 강한 산이 만들어져요. 위장이 만드는 염산이 그렇지요. 염산은 음식물의 소화를 돕고 해로운 세균을 죽여요. 위산의 pH는 대개 1.5~3.5예요. 그래서 위장이 손상되는 것을 막기 위해, 위벽은 끈끈한 점액층으로 덮여 있어요. 점액층은 위산이 위벽을 분해하는 것도 막아요.

가루 세탁비누
세탁비누는 염기예요. 즉 물에 녹으면 알칼리가 되는 고체 물질이에요.

물
물은 대개 pH가 7인 중성이에요.

우유
우유는 pH가 6.5인 약산성이에요.

생명

생명이란?

지구의 생명은 식물과 독버섯과 바닷말에서부터 이 책을 읽고 있는 여러분에 이르기까지, 모습과 크기가 아주 다양해요. 생김새는 이렇게 저마다 달라도, 생물은 무생물에게 없는 몇 가지 공통점을 지니고 있어요.

생물계

과학자들은 지금까지 눈에 안 보일 만치 작은 세균에서 고래와 거대한 나무에 이르기까지, 거의 2백만 종의 생물을 발견했어요. 이 생물들은 '계'라는 7가지 집단으로 나뉘지요.

동물계
이 계에는 포유류, 파충류, 양서류, 조류, 어류, 곤충류, 거미류, 지렁이류가 속해요. 동물은 다른 생물을 먹으며, 근육과 신경으로 움직이고 반응을 해요.

식물계
식물은 작은 풀에서 거대한 나무에 이르기까지 다양하며, 39만 종이 넘어요. 대부분이 잎이 나고, 꽃이나 열매를 맺는 종류도 많아요. 햇빛을 이용하여 스스로 양분을 만들지요.

균계
버섯과 독버섯 같은 생물들이 속하며, 식물도 동물도 아니에요. 대부분은 숲 바닥이나 썩은 나무 같은 축축한 곳에 자라요.

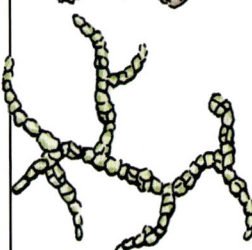

유색조식물계
주로 물에 살아요. 바닷말도 유색조식물계에 속해요. 식물처럼 생긴 종도 많고, 식물처럼 햇빛을 써서 스스로 양분을 만들어요.

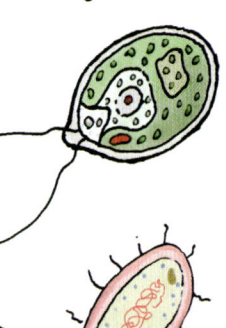

원생동물계
물이나 축축한 흙, 동식물의 몸속에서 사는 작은 단세포 생물이에요. 털 같은 것을 써서 스스로 '헤엄치는' 종류도 있어요.

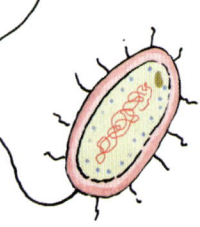

세균계
모습이 아주 다양하지만, 모두 세포핵이 없는 단세포 생물이에요. 지구의 거의 모든 곳에 살아요. 우리 몸속에도 약 100조 마리가 살지요.

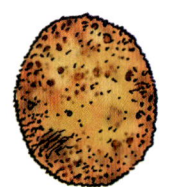

고세균계
세균과 비슷하게 세포핵이 없는 단세포 생물이에요. 많은 고세균은 다른 생물들에 비해 훨씬 더 뜨겁거나 춥거나 짜거나 공기가 없는 곳에서도 살 수 있어요

(국립생물자원관 기준)

주변 환경 감지
주변 환경에 반응할 수 있다는 것은 살아 있다는 뜻이에요. 이 매머드처럼 칼이빨호랑이가 풀숲에 숨어 있다는 것을 알아차리면, 살아남는 데 도움이 됩니다!

생명의 특징

잎을 뜯어먹는 이 매머드들은 모든 생물이 지닌 일곱 가지 특징을 보여 줘요. 이들은 자라고 변하며, 움직이고, 배설하고, 번식할 수 있어요. 또 주변 환경을 감지하고 반응할 수 있지요. 먹이에서 영양소를 취하고, 호흡을 통해 세포 안에서 그 영양소를 분해하여 에너지를 얻어요.

호흡
동물은 호흡을 통해 세포에 필요한 산소를 얻어요.

먹이 먹기
모든 생물은 세포의 성장과 활동에 필요한 영양소를 얻어야 해요.

움직이기
쿵쿵거리는 매머드는 움직인다는 것을 쉽게 알아볼 수 있어요. 그러나 더 미묘하게 움직이는 생물들도 있어요. 식물이 해를 향해 방향을 돌리는데, 우리는 알아차리기 어려워요.

배설
생물은 몸에서 생기는 노폐물을 내보내요.

성장과 변화
모두가 매머드만큼 자라는 것은 아니지만, 살아 있는 세포로 이루어진 생물은 발달하고 성장해요.

나를 쏙 빼닮은 아기
번식을 통해 생물은 대를 이어 살아가요.

세균

세균은 지구에서 가장 작은 생물이에요. 세균은 아주 빨리 불어날 수 있어요. 지구에 셀 수도 없을 만큼 많이 살고 있어요. 세균은 어디에나 있답니다. 흙, 물, 공기, 우리의 피부와 몸속에도 있어요. 세균은 세포 하나로 되어 있고, 세포도 구조가 아주 단순해요.

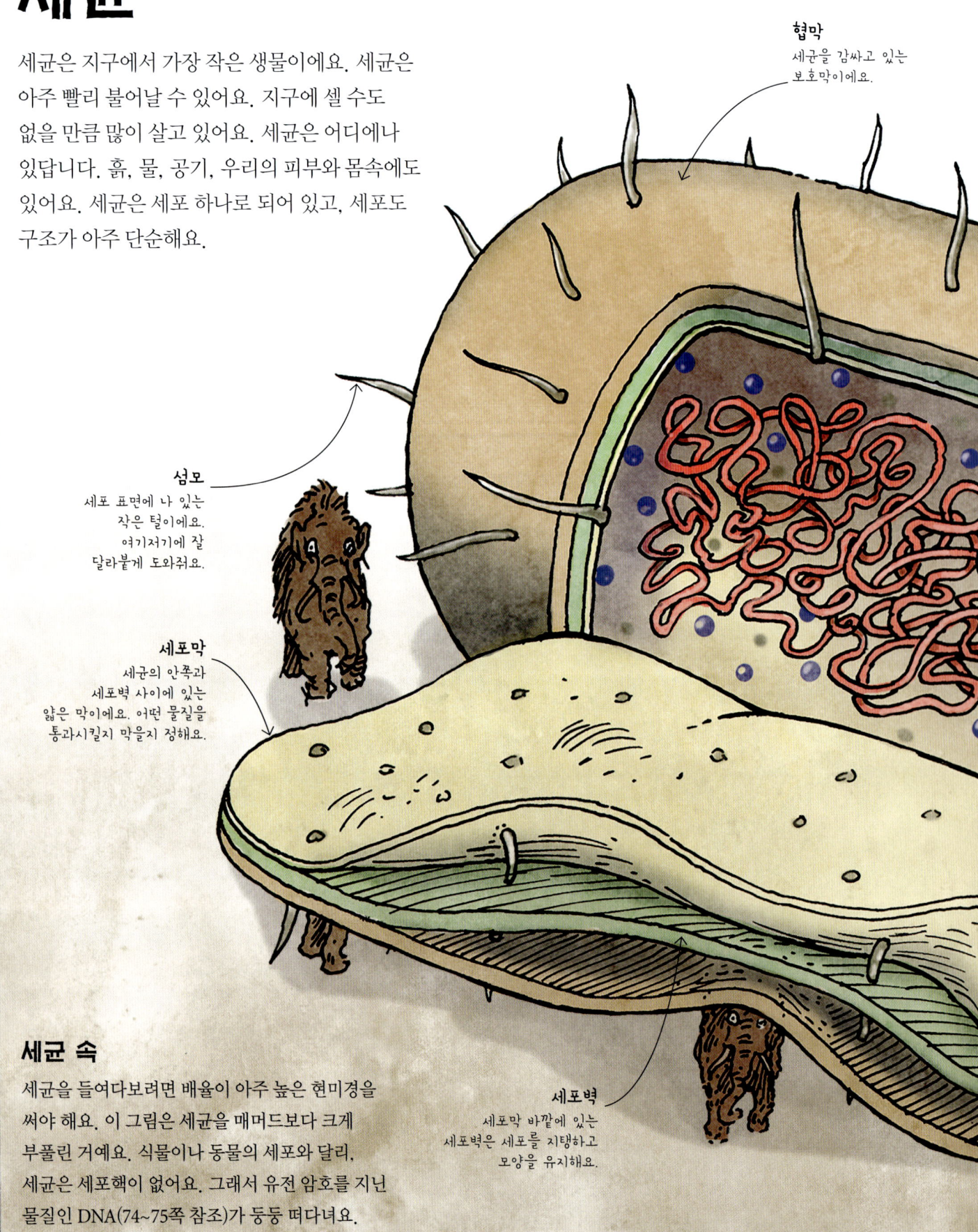

협막
세균을 감싸고 있는 보호막이에요.

섬모
세포 표면에 나 있는 작은 털이에요. 여기저기에 잘 달라붙게 도와줘요.

세포막
세균의 안쪽과 세포벽 사이에 있는 얇은 막이에요. 어떤 물질을 통과시킬지 막을지 정해요.

세포벽
세포막 바깥에 있는 세포벽은 세포를 지탱하고 모양을 유지해요.

세균 속

세균을 들여다보려면 배율이 아주 높은 현미경을 써야 해요. 이 그림은 세균을 매머드보다 크게 부풀린 거예요. 식물이나 동물의 세포와 달리, 세균은 세포핵이 없어요. 그래서 유전 암호를 지닌 물질인 DNA(74~75쪽 참조)가 둥둥 떠다녀요.

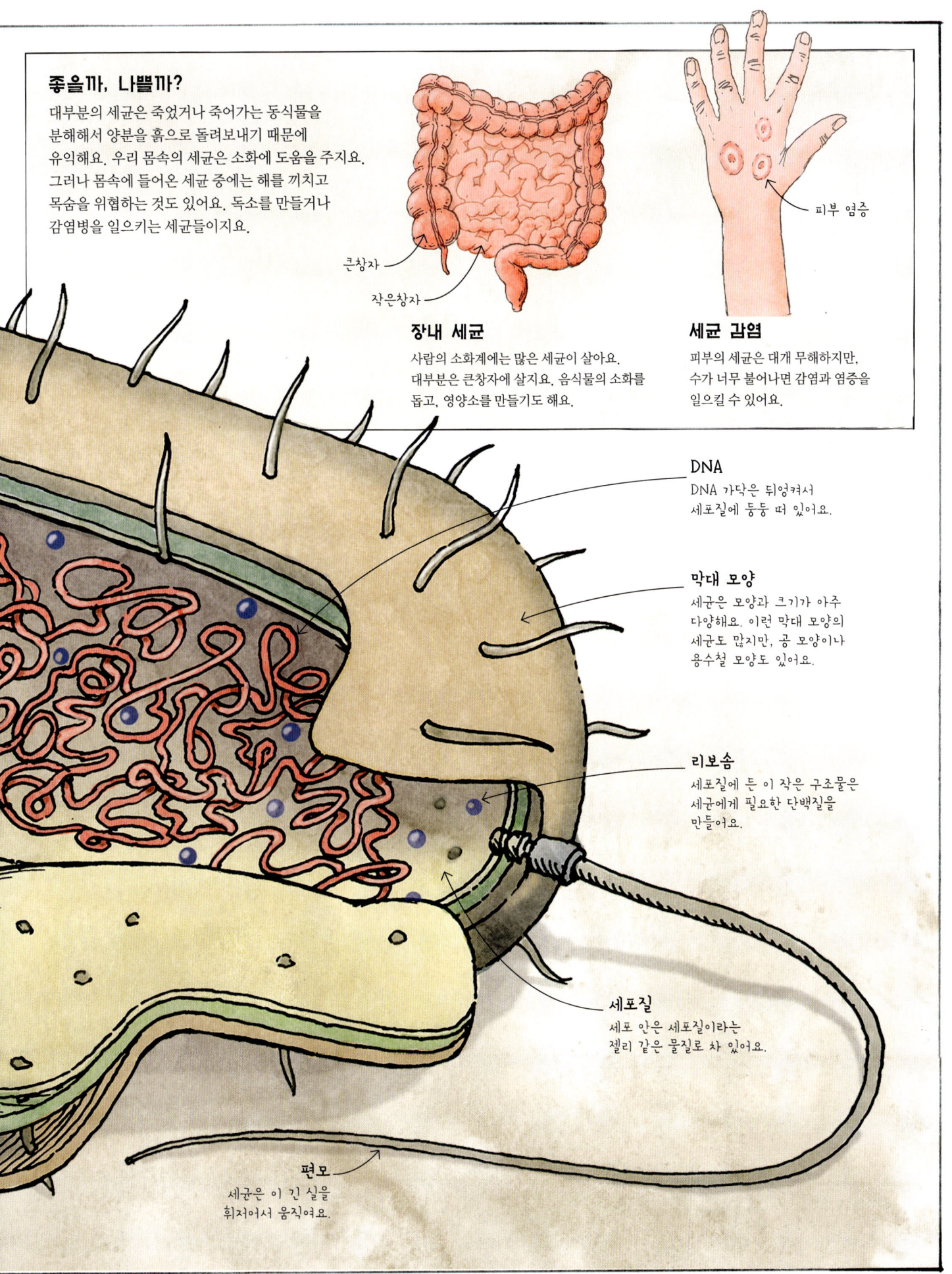

좋을까, 나쁠까?

대부분의 세균은 죽었거나 죽어가는 동식물을 분해해서 양분을 흙으로 돌려보내기 때문에 유익해요. 우리 몸속의 세균은 소화에 도움을 주지요. 그러나 몸속에 들어온 세균 중에는 해를 끼치고 목숨을 위협하는 것도 있어요. 독소를 만들거나 감염병을 일으키는 세균들이지요.

큰창자
작은창자
피부 염증

장내 세균
사람의 소화계에는 많은 세균이 살아요. 대부분은 큰창자에 살지요. 음식물의 소화를 돕고, 영양소를 만들기도 해요.

세균 감염
피부의 세균은 대개 무해하지만, 수가 너무 불어나면 감염과 염증을 일으킬 수 있어요.

DNA
DNA 가닥은 뒤엉켜서 세포질에 둥둥 떠 있어요.

막대 모양
세균은 모양과 크기가 아주 다양해요. 이런 막대 모양의 세균도 많지만, 공 모양이나 용수철 모양도 있어요.

리보솜
세포질에 든 이 작은 구조물은 세균에게 필요한 단백질을 만들어요.

세포질
세포 안은 세포질이라는 젤리 같은 물질로 차 있어요.

편모
세균은 이 긴 실을 휘저어서 움직여요.

세포

지구의 모든 생물은 세포라는 아주 작은 단위로 이루어져 있어요. 세포는 아주 작아서 현미경으로 봐야 보여요. 세균 같은 생물은 세포 하나로 되어 있어요. 식물이나 거대한 털매머드 같은 생물은 아주 많은 세포로 되어 있지요.

동물 세포

매머드의 코에 있는 세포 하나하나는 아주 작은 발전소와 같아요. 세포핵은 세포의 한가운데에 있는 지휘소이며, 세포에게 어떤 일을 해야 하는지 알리는 모든 명령문을 지니고 있어요. 미토콘드리아는 에너지를 만들어서 세포에 공급해요. 세포는 기름기 있는 얇은 세포막으로 싸여 있어요. 세포 안은 세포질이라는 젤리 같은 액체로 가득 차 있어요.

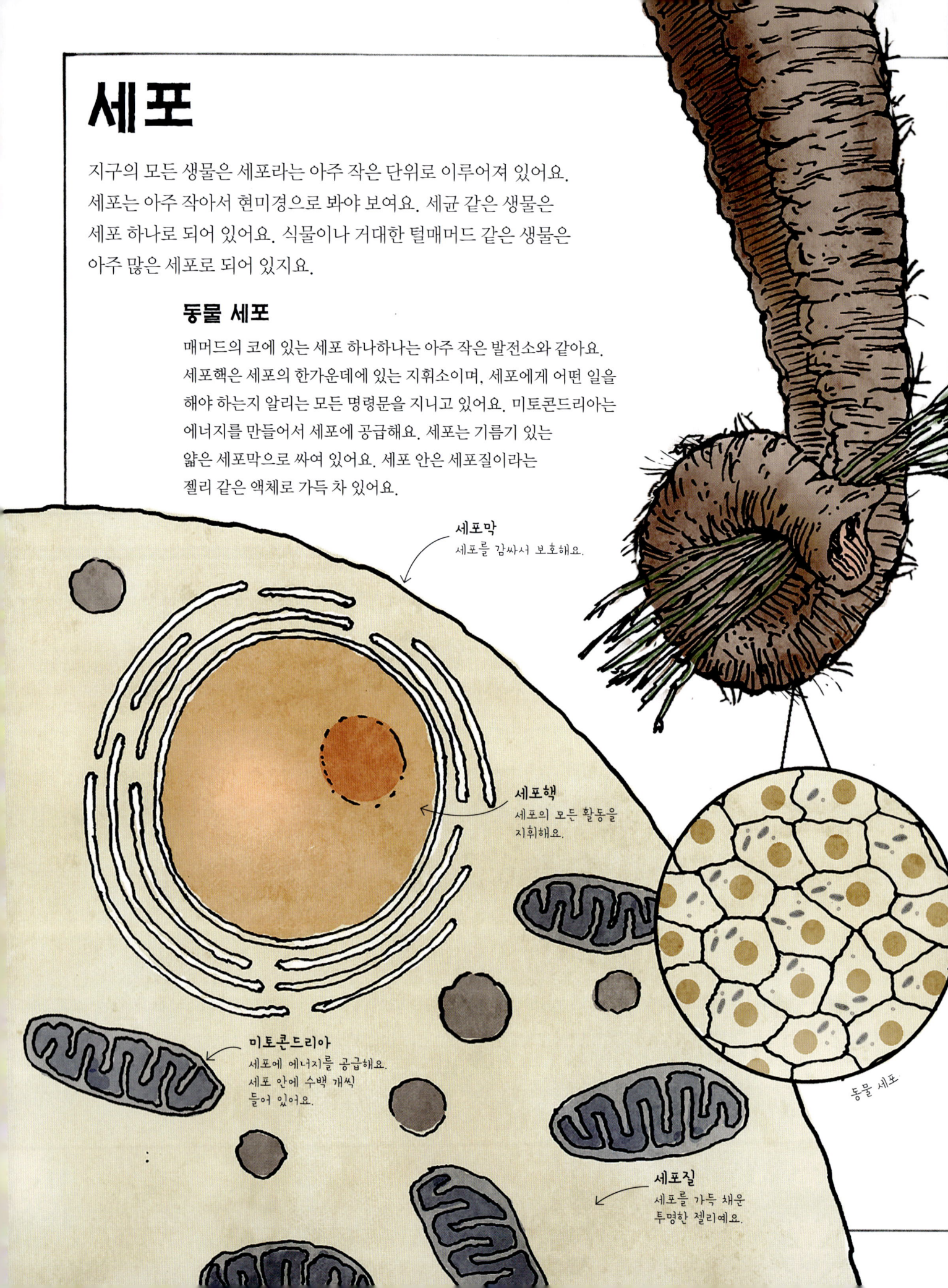

세포막
세포를 감싸서 보호해요.

세포핵
세포의 모든 활동을 지휘해요.

미토콘드리아
세포에 에너지를 공급해요. 세포 안에 수백 개씩 들어 있어요.

세포질
세포를 가득 채운 투명한 젤리예요.

동물 세포

액포
식물 세포에는 양분, 물, 노폐물을 담은 커다란 주머니인 액포가 있어요. 액포에 든 액체는 세포를 팽팽하게 유지하는 일도 해요.

세포핵

미토콘드리아

엽록체
엽록체는 햇빛의 에너지를 써서 양분을 만들어요.

세포막

식물 세포

세포벽
세포막 바깥에 둘러진 튼튼한 벽이에요.

식물 세포

매머드가 뜯어먹는 식물은 식물 세포로 이루어져 있어요. 식물 세포는 동물 세포와 비슷하지만, 나름의 몇 가지 특징이 있어요. 튼튼한 세포벽이 있어서 세포를 일정한 모양으로 유지해요. 물을 저장하여 세포를 팽팽하게 만드는 액포라는 주머니도 있어요. 광합성이라는 과정을 통해서 햇빛의 에너지를 이용하여 양분을 만드는 엽록체도 있지요.

세포의 종류

우리 몸은 수조 개의 세포로 이루어져 있어요. 이 세포들은 모두 똑같은 성분들로 이루어져 있지만, 모습과 하는 일은 저마다 달라요. 저마다 하는 일에 알맞은 독특한 모양과 크기를 지니고 있어요. 사람의 몸에는 200가지가 넘는 세포가 들어 있어요. 종류마다 기능이 다르지요.

행진하는 세포들

쿵짝쿵짝! 이 행진에는 사람의 몸에 있는 세포 중에서 몇 종류만 참가했어요. 모양이 다양하고, 크기는 실제로는 이보다 더 차이가 나요. 실제 난자는 이 행진에 참가한 다른 세포들보다 약 10배는 커요. 신경 세포는 축삭을 길게 뻗고 있어요. 실처럼 생긴 축삭은 1미터까지 뻗기도 해요.

상피 세포
판처럼 배열되어서 보호막을 이루어요. 피부는 상피 세포로 이루어져 있어요.

액체와 영양소를 흡수하기 위해 표면이 솔처럼 된 상피 세포도 있어요.

난자
사람의 몸에서 가장 큰 세포는 난자예요. 여성의 생식 세포이지요. 난자가 정자에 수정이 되면, 자라서 아기가 되지요.

정자
남성의 생식 세포는 몸에서 가장 작은 세포예요. 꼬리를 흔들어서 난자가 있는 곳까지 헤엄을 쳐요.

적혈구
원반 모양의 적혈구는 온몸으로 산소를 운반해요.

백혈구
이 둥근 세포는 혈액을 타고 돌아다니면서 병균을 찾아 죽여요.

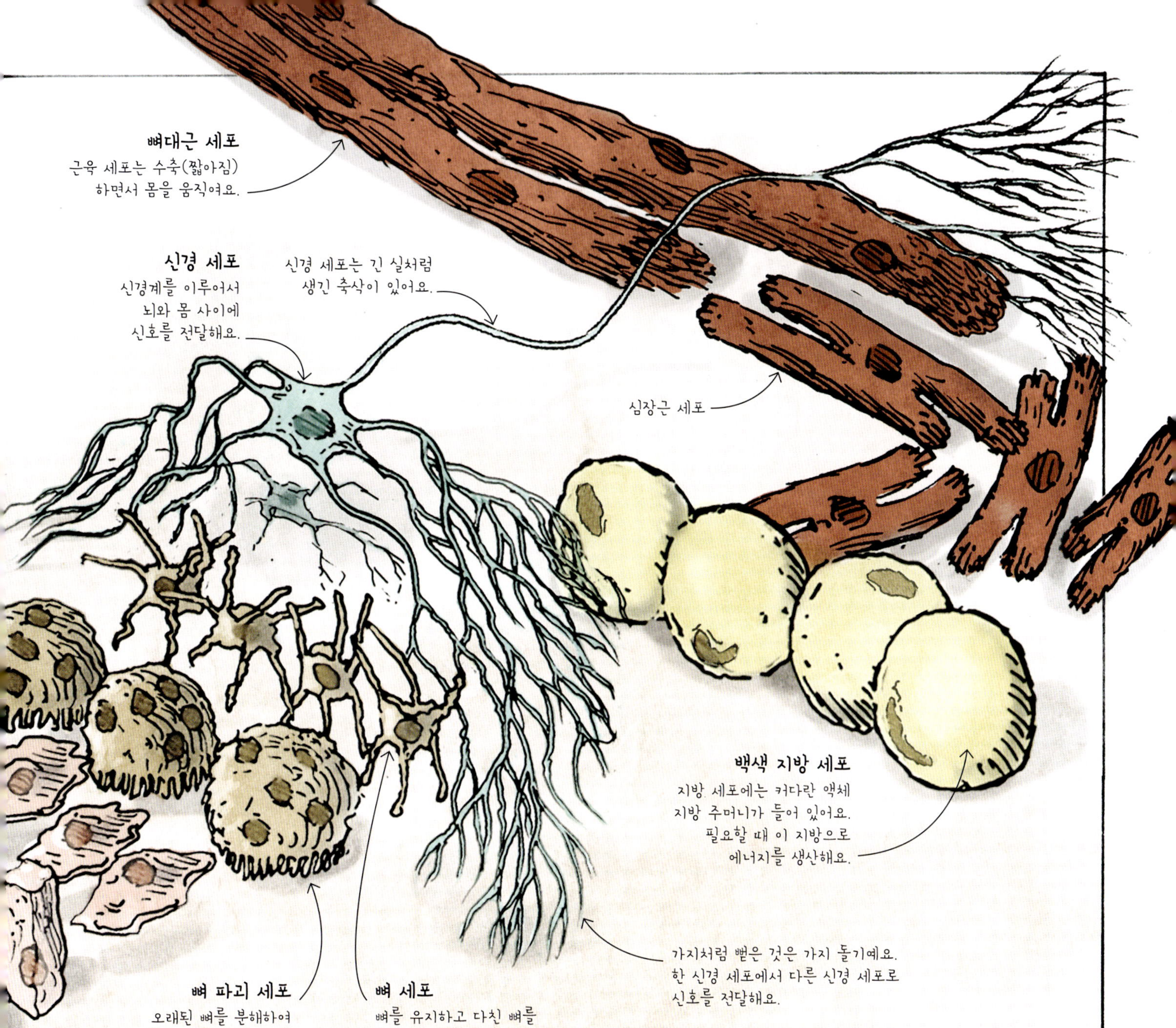

뼈대근 세포
근육 세포는 수축(짧아짐)하면서 몸을 움직여요.

신경 세포
신경계를 이루어서 뇌와 몸 사이에 신호를 전달해요.

신경 세포는 긴 실처럼 생긴 축삭이 있어요.

심장근 세포

백색 지방 세포
지방 세포에는 커다란 액체 지방 주머니가 들어 있어요. 필요할 때 이 지방으로 에너지를 생산해요.

가지처럼 뻗은 것은 가지 돌기예요. 한 신경 세포에서 다른 신경 세포로 신호를 전달해요.

뼈 파괴 세포
오래된 뼈를 분해하여 뼈를 건강하게 유지해요.

뼈 세포
뼈를 유지하고 다친 뼈를 치료하는 일을 해요.

식물 세포의 종류

식물도 동물처럼 다양한 세포로 이루어져 있어요. 잎에는 초록색을 띤 엽록체가 가득해요. 엽록체는 햇빛의 에너지를 이용해서 당을 만들어요(43쪽 참조). 그림에서처럼 필요한 물질을 몸 곳곳으로 운반하는 일을 하는 세포들도 있어요.

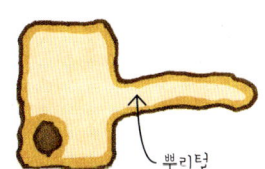

뿌리털 세포
뿌리털 세포에서 가늘고 길게 뻗은 뿌리털은 흙에서 물과 양분을 빨아들여요.

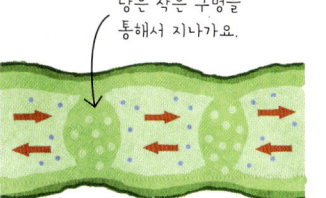

당은 작은 구멍을 통해서 지나가요.

체관 세포
체관 세포들은 죽 이어져 있는데 양쪽 끝에 구멍이 나 있어요. 이 구멍으로 잎에서 만들어진 당이 이동해요.

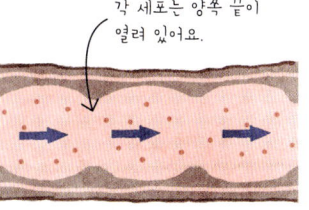

각 세포는 양쪽 끝이 열려 있어요.

물관 세포
물관 세포들은 양쪽이 아예 열려서 하나로 죽 이어진 긴 관을 이뤄요. 뿌리에서 줄기와 잎까지 물을 운반하는 통로가 되지요.

식물

까마득히 솟아오른 나무에서 자그마한 이끼에 이르기까지, 식물은 육지의 약 1/3을 덮고 있어요. 식물도 동물처럼 살아 있고, 자라려면 양분이 필요해요. 그러나 매머드나 코끼리땃쥐와 달리, 식물은 주변 환경에서 얻은 물질을 써서 스스로 양분을 만들어요. 그 과정에서 지구의 생물들에게 아주 중요한 산소도 뿜어내지요.

빛
햇살이 식물의 넓적한 잎에 닿아요.

잎
넓고 납작한 잎은 태양전지판과 비슷한 일을 해요. 햇빛의 에너지를 흡수해요. 잎은 기공이라는 아주 작은 구멍으로 공기에 든 이산화탄소도 흡수하지요.

당
잎에서 만들어진 당은 식물의 곳곳으로 보내져요. 줄기를 통해서 뿌리와 가장 높은 가지까지 운반되지요.

생장

식물이 양분을 만들려면 햇빛, 맑은 공기, 물이 필요해요. 식물은 그것들을 써서 살아가는 데 필요한 단순한 당을 만들어요. 이 과정을 광합성이라고 해요. 광합성은 잎에서 이루어지지만, 식물의 다른 부위도 각각 맡은 일이 있어요. 뿌리는 물과 무기물을 빨아들이고, 줄기는 식물을 지탱하고 중요한 물질을 위아래로 운반하지요.

뿌리
뿌리는 식물을 한 곳에 꽉 붙들어 놓아요. 또 흙에서 물과 중요한 무기물을 빨아들여요. 물을 많이 빨아들일 수 있도록 땅속에서 갈라져 뻗으면서 아주 가느다란 뿌리털을 많이 내밀어요.

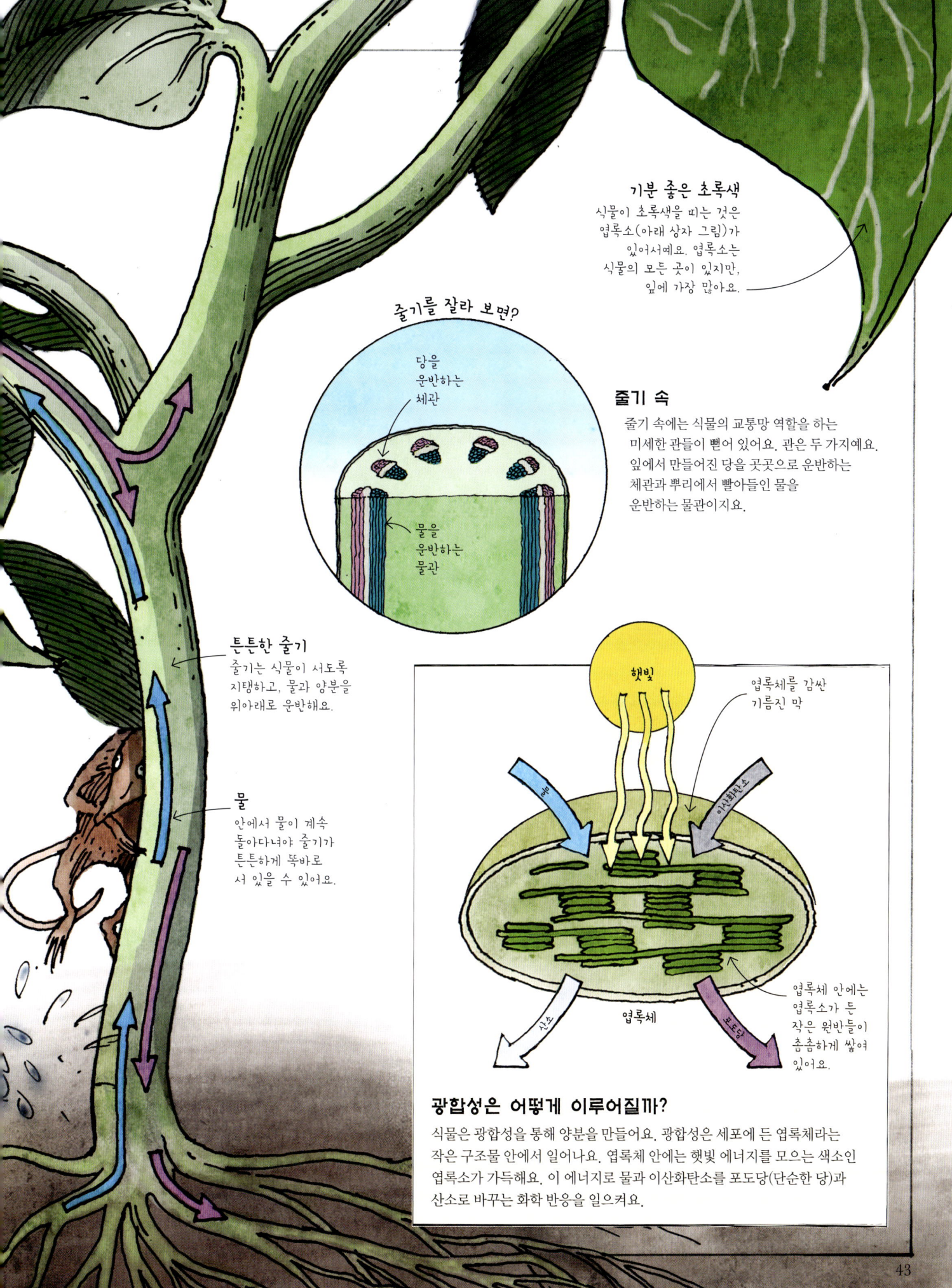

꽃가루관
꽃가루에서 씨방까지 뻗어 가는 긴 관을 만들어요.

암술머리

꽃가루
땃쥐가 꽃에 주둥이를 들이밀 때 수술에 있던 꽃가루가 땃쥐의 몸에 묻어요. 땃쥐는 이 꽃가루를 다른 꽃에 옮겨요.

꽃잎
곤충, 새, 작은 포유동물은 화려한 색깔의 꽃잎을 보고 찾아와요.

꽃 속

이 호기심 어린 코끼리땃쥐의 털에는 다른 꽃에서 묻은 꽃가루들이 붙어 있어요. 땃쥐가 꽃에 주둥이를 들이밀 때, 이 꽃가루는 암술머리에 달라붙어요. 그러면 꽃가루에서 관이 자라서 씨방까지 뻗어요. 이어서 씨방에 든 알세포가 수정이 되고, 알세포는 새 식물로 자랄 씨가 되지요.

꽃

꽃은 화려한 색깔과 달콤한 꿀로, 킁킁거리는 코끼리땃쥐에서 배고픈 꿀벌에 이르기까지 많은 동물들을 유혹해요. 화려한 꽃은 자랑하려고 피우는 것이 아니에요. 꽃에는 식물의 생식 기관이 들어 있어요. 작은 포유류, 조류, 곤충이 달콤한 꿀을 먹으러 오면, 식물의 수컷 생식 기관인 수술에 있는 꽃가루가 몸에 묻어요. 동물은 그 꽃가루를 다른 꽃으로 옮기지요.

맛있게 보이도록!
동물이 열매를 먹고 씨를 퍼뜨리도록, 눈에 잘 띄는 색깔의 열매를 맺어요.

씨

새 식물이 자라려면, 씨가 멀리 여기저기 흩어져야 해요. 부모 식물 곁에 너무 가까이에서 자라면, 양분, 빛, 물을 놓고 서로 경쟁하게 돼요. 씨는 다양한 방법으로 퍼져요. 동물에게 먹혔다가 소화되지 않은 채 그대로 똥에 섞여서 나오기도 해요.

배설물에 섞여서!
동물이 먹은 열매 속의 씨는 소화되지 않고 그대로 배설되어요.

떡잎이 펼쳐져요.

점점 더 위로!
첫 본잎이 펴요.

완두콩

싹이 올라오다!
초록색 싹이 트면서 위로 올라와요.

뿌리가 나오다!
뿌리는 흙속에서 씨 껍데기를 벌리면서 나와 아래로 쭉 뻗으며 자라요.

뿌리 내리기

씨 안에는 새 식물로 자랄 수 있는 작은 배아가 들어 있어요. 배아는 뿌리, 싹, 배아에 양분을 제공하는 한 쌍의 '떡잎'으로 이루어져요. 씨가 싹이 트려면, 기름진 흙과 햇빛, 따뜻한 날씨가 필요해요.

먹이 사슬

식물과 동물이 서로에게 먹이와 양분을 주기 때문에, 지구의 모든 생물은 서로 연결되어 있어요. 이 그림은 선사 시대의 한 장면이에요. 매머드는 혹시나 굶주린 포식자가 덮칠까 봐 주위를 살피면서 풀을 뜯고 있어요. 이 장면에는 먹이 사슬이 담겨 있어요. 풀은 많은 동물의 먹이가 되고, 먹이 사슬의 바닥에 놓여요. 칼이빨호랑이는 먹이 사슬의 꼭대기에 있어요. 칼이빨호랑이를 위협할 동물은 없거든요.

풀을 뜯는 매머드
생산자를 먹는 동물은 1차 소비자라고 해요. 먹이 사슬의 두 번째 단계를 이루지요. 풀을 먹으면, 풀에 저장된 에너지는 매머드의 몸으로 옮겨 가요.

햇빛
태양은 거의 모든 먹이 사슬에 에너지를 주는 원천이에요.

초록 풀
먹이 사슬의 바닥에는 생산자가 있어요. 대개 흙에서 빨아들인 물과 햇빛의 에너지로 광합성(42~43쪽 참조)을 통해 양분을 만드는 녹색 식물이 생산자예요.

에너지 흐름
모든 생물은 살아가려면 먹이에서 에너지를 얻어야 해요. 먹이 사슬을 통해서 에너지는 한 생물로부터 다른 생물로 옮겨 가요. 식물은 태양에서 에너지를 얻고, 그 에너지는 풀을 먹는 동물에게로 전달돼요. 그 동물은 다른 동물에게 먹히고, 그러면서 에너지는 먹이 사슬을 따라 흘러가요.

굶주린 사냥꾼
매머드가 풀에서 얻은 에너지는 칼이빨호랑이에게로 전달되지요. 다른 동물을 먹는 동물을 2차 소비자라고 해요. 고양이류는 고기만 먹지만, 동식물을 다 먹는 동물도 있어요. 1차 소비자이면서 2차 소비자이지요.

먹이 그물
대부분의 생물은 두 가지 이상의 먹이 사슬에 속해 있어요. 그래서 먹이 사슬들은 서로 복잡하게 얽혀요. 그것을 먹이 그물이라고 하는데, 한 서식지에 사는 동물들 사이에 에너지가 어떻게 흐르는지를 보여 주지요. 이 북극 지방 먹이 그물에서는 식물성 플랑크톤이라는 아주 작은 광합성 조류가 생산자예요.

최상위 포식자
범고래는 천적이 없어서, 이 먹이 그물의 가장 꼭대기에 놓여요.

범고래, 잔점박이물범, 고리무늬물범, 북극곤들매기, 크릴, 극지대구, 하프물범, 열빙어, 북극곰, 북극제비갈매기

생산자
미세한 식물성 플랑크톤은 태양의 에너지를 흡수해요.

쇠똥구리
이 분해자는 다른 동물들의 배설물을 먹어요.

분해자
배설물과 죽은 생물을 먹는 생물은 분해자라고 해요. 썩어 가는 동물을 분해해서 양분을 흙으로 돌려보내지요. 그 양분은 식물이 다시 빨아들이고요. 그러면서 에너지가 계속 흐르는 거예요.

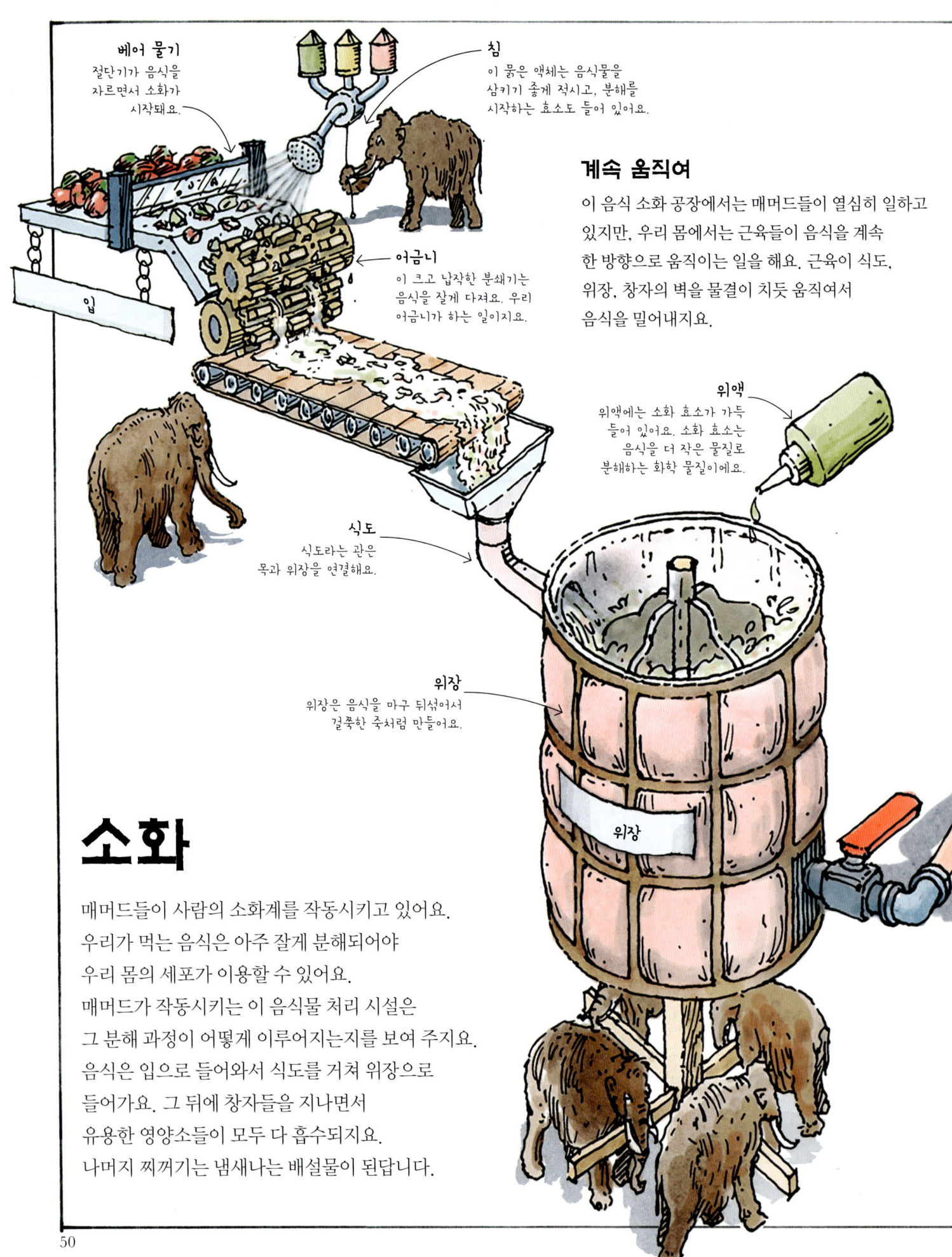

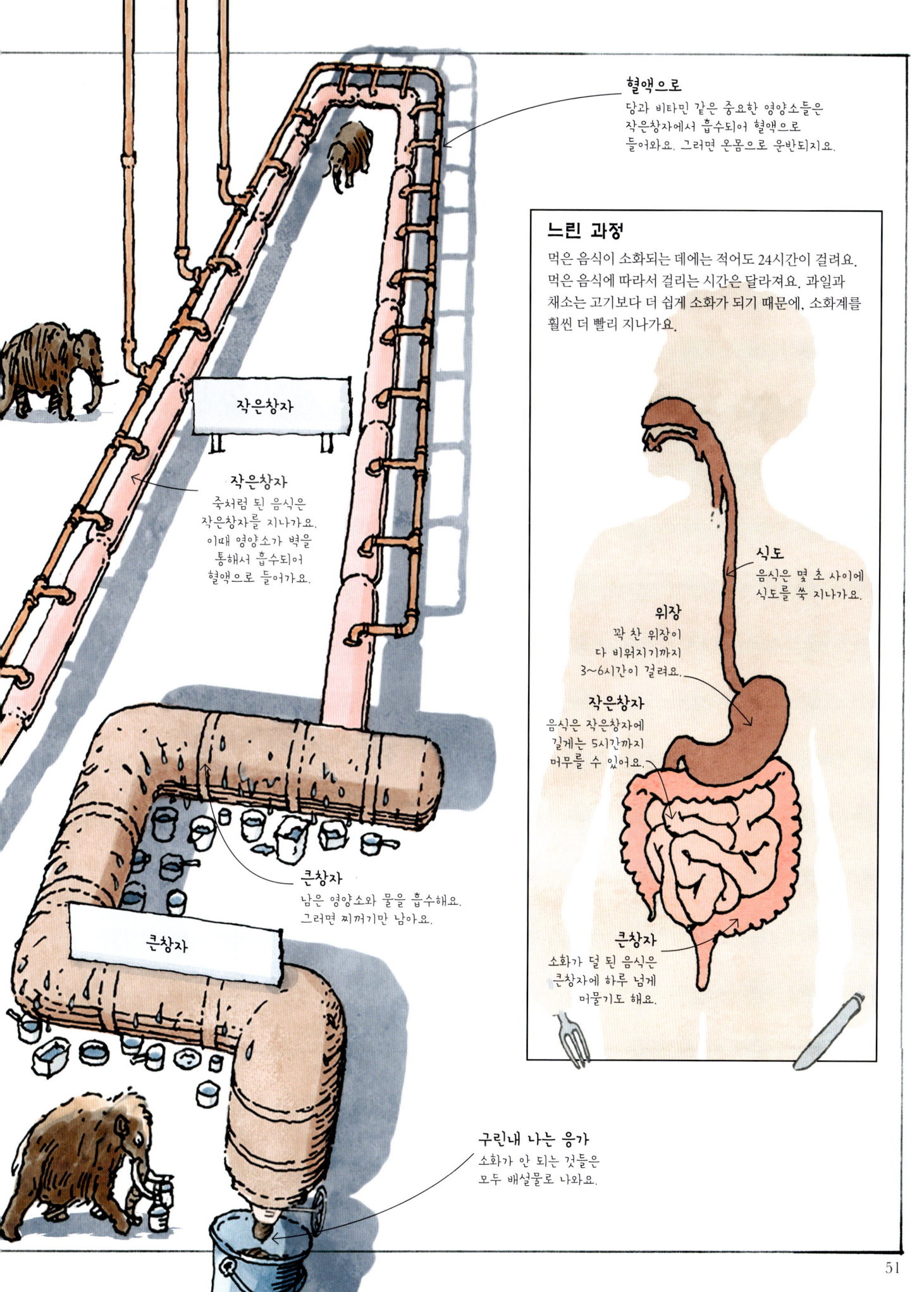

호흡

몸의 세포는 산소가 있어야 일할 수 있어요. 공기에 든 산소는 피로 들어와서, 핏줄을 타고 몸 구석구석에 있는 세포로 보내져요. 그 일을 하는 곳이 허파예요. 이 스펀지가 든 커다란 주머니 같은 기관은 공기에서 산소를 빨아들이고, 이산화탄소를 밖으로 내보내지요.

호흡하기

허파는 스스로 움직일 수 없어요. 숨을 들이키려면 근육을 써서 허파를 움직여야 해요. 그림에서는 매머드들이 허파를 움직이고 있지만, 몸속에서는 가로막이라는 근육이 수축하면서 허파를 부풀려서 바깥의 공기를 안으로 빨아들여요.

들이마실 때

가로막은 허파 밑에 놓인 근육판이에요. 가로막이 수축할 때(아래로 당겨질 때), 가슴안 공간이 더 넓어져요. 이때 갈비뼈 사이의 근육(갈비사이근)도 가슴우리를 바깥으로 잡아당겨요. 그러면 허파가 부풀면서 공기가 빨려 들어요.

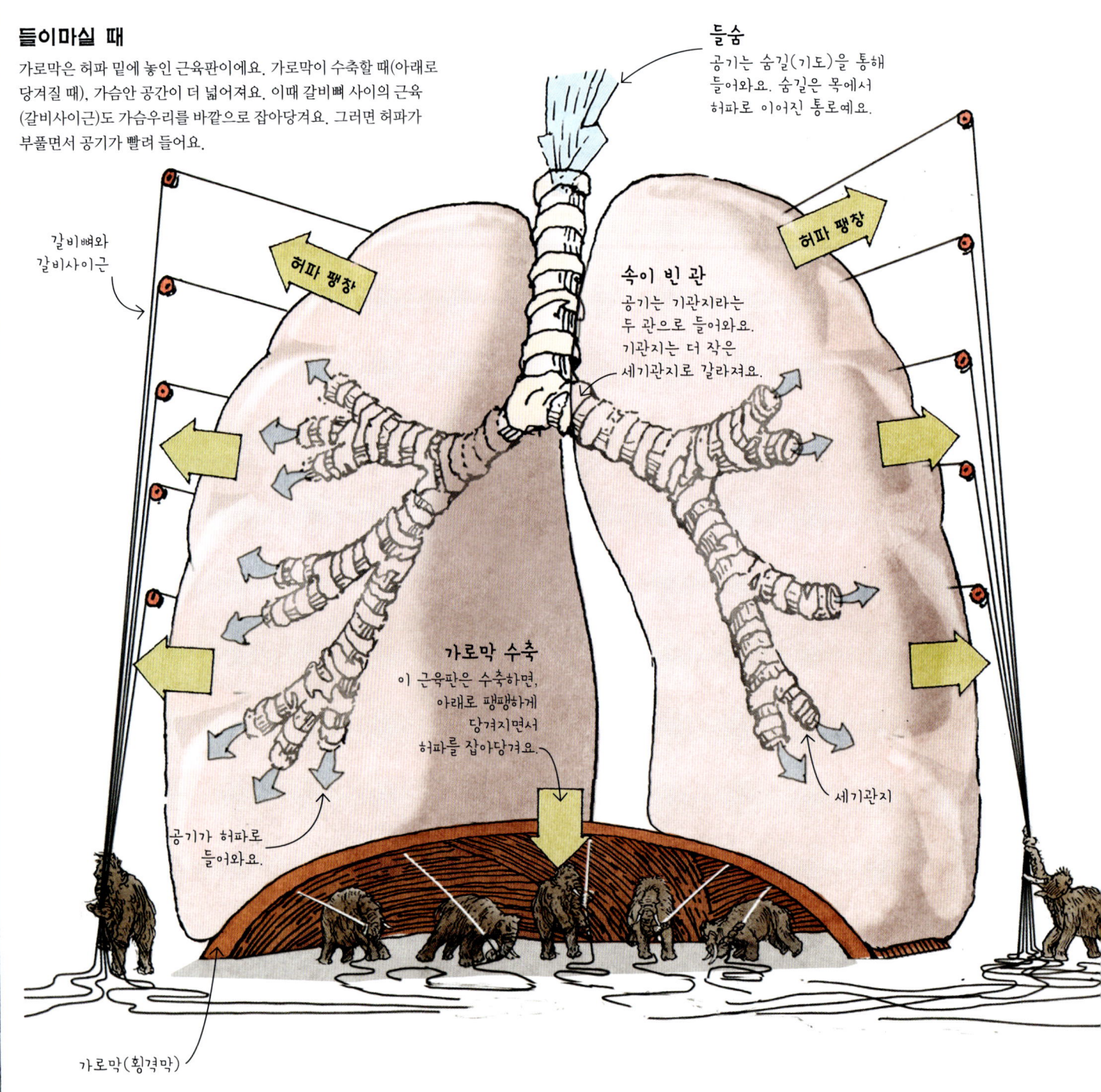

들숨 — 공기는 숨길(기도)을 통해 들어와요. 숨길은 목에서 허파로 이어진 통로예요.

허파 팽창

갈비뼈와 갈비사이근

속이 빈 관 — 공기는 기관이라는 두 관으로 들어와요. 기관지는 더 작은 세기관지로 갈라져요.

가로막 수축 — 이 근육판은 수축하면, 아래로 팽팽하게 당겨지면서 허파를 잡아당겨요.

공기가 허파로 들어와요.

세기관지

가로막(횡격막)

허파꽈리

허파 안에는 허파꽈리(폐포)라는 아주 작은 주머니가 가득 들어 있어요. 주머니는 모세혈관이라는 아주 작은 핏줄로 감싸여 있지요. 허파꽈리에서 공기의 산소는 모세혈관(빨간색으로 표시된)으로 들어가서, 온몸으로 운반되지요. 피에 들어 있던 노폐물인 이산화탄소는 모세혈관(파란색으로 표시된)에서 공기로 빠져나가서 밖으로 나가요.

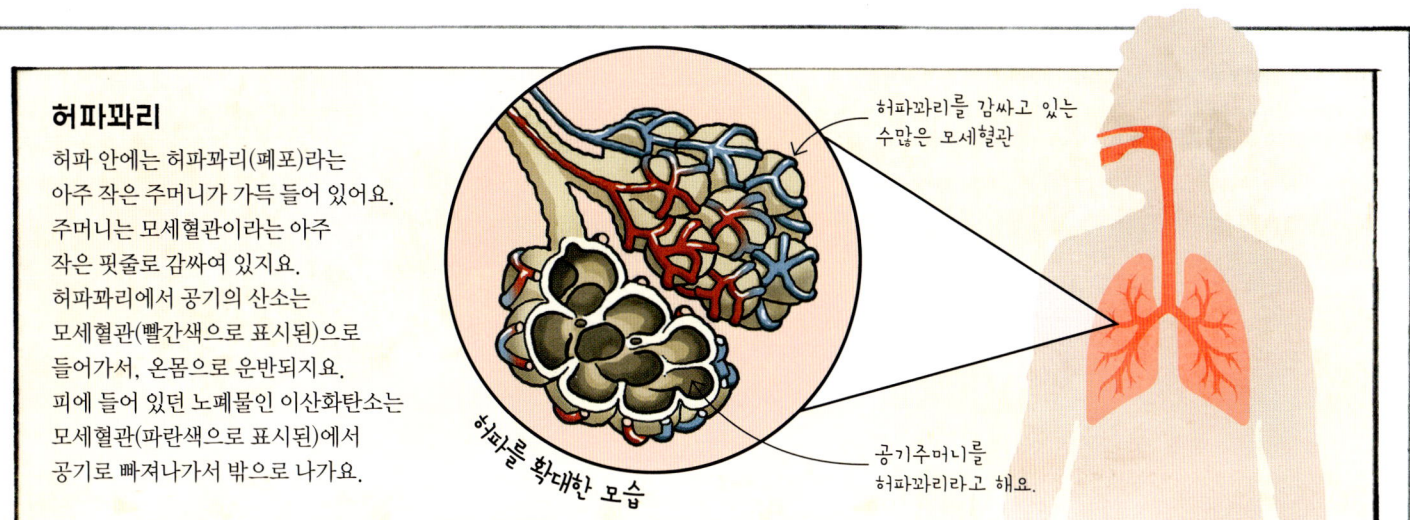

허파꽈리를 감싸고 있는 수많은 모세혈관

허파를 확대한 모습

공기주머니를 허파꽈리라고 해요.

내뱉을 때

가로막은 느슨해지면, 원래의 볼록한 모양으로 돌아가요. 그러면 가슴안 공간이 줄어들어요. 이때 허파가 눌리면서 공기가 밀려 나가요.

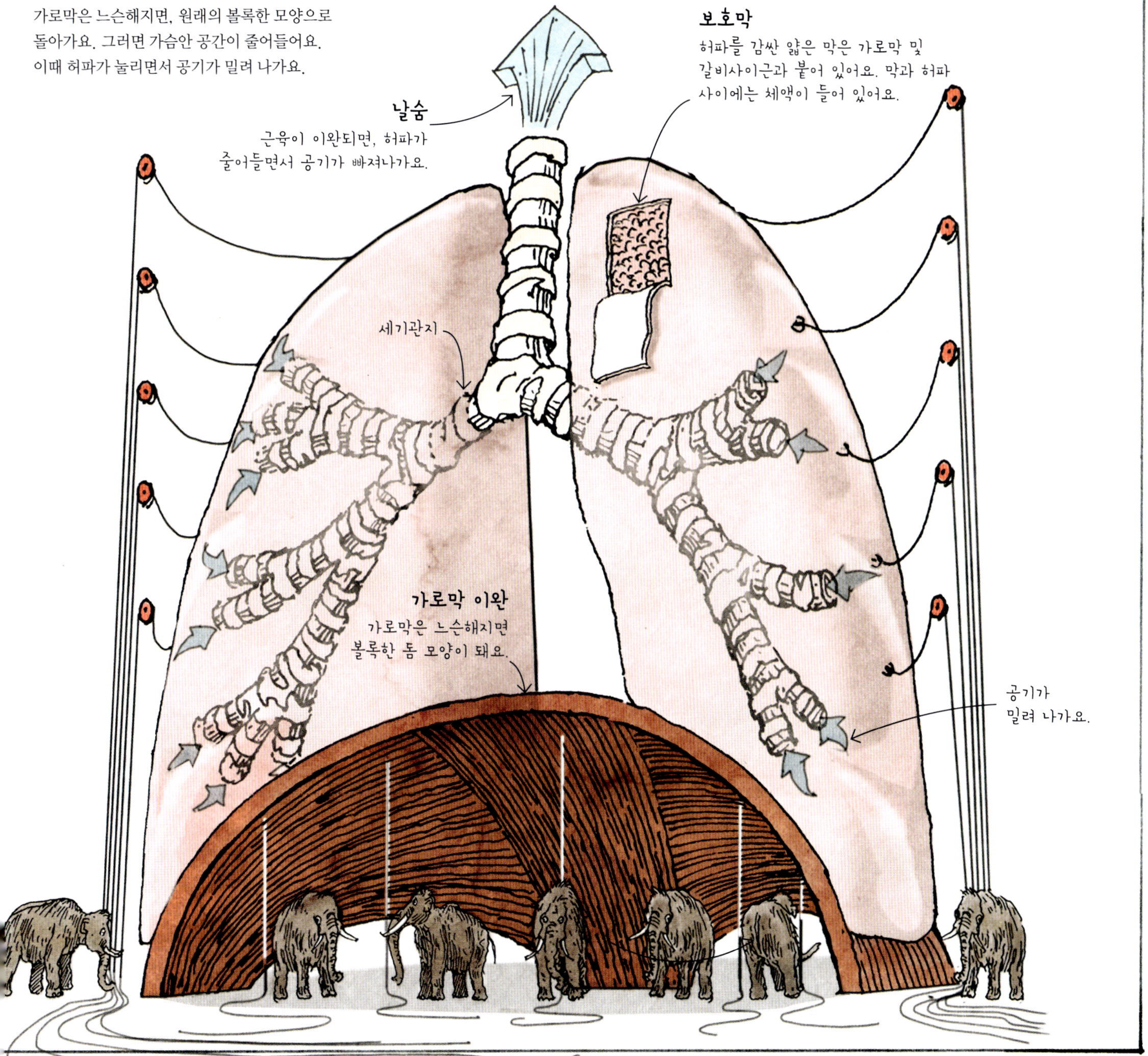

날숨
근육이 이완되면, 허파가 줄어들면서 공기가 빠져나가요.

보호막
허파를 감싼 얇은 막은 가로막 및 갈비사이근과 붙어 있어요. 막과 허파 사이에는 체액이 들어 있어요.

세기관지

가로막 이완
가로막은 느슨해지면 볼록한 돔 모양이 돼요.

공기가 밀려 나가요.

순환

몸속에는 구석구석의 세포들에 산소와 영양소를 전달하는 혈관이 수백만 개나 있어요. 이 놀라운 연결망을 순환계라고 해요. 몸에 있는 혈관들을 한 줄로 죽 이으면, 지구를 두 번 감을 수 있어요. 거대한 매머드의 몸에는 혈관이 얼마나 더 들어 있을지 상상해 봐요.

심장
끊임없이 고동치면서 계속 피를 온몸으로 내보내요.

복잡한 연결망
몸에는 피를 보내고 가져오는 동맥과 정맥이 구석구석까지 뻗어 있어요.

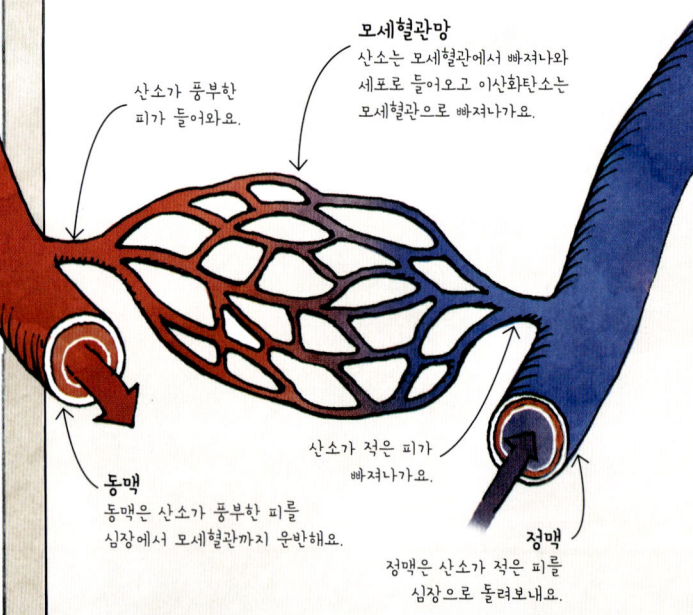

모세혈관

동맥과 정맥은 모세혈관이라는 작은 핏줄로 연결되어 있어요. 모세혈관은 아주 작지만 몸에 있는 혈관의 98퍼센트를 차지해요. 갈라지고 또 갈라지면서 모든 세포와 조직 가까이 뻗어 있지요. 모세혈관의 벽은 세포 하나 두께예요. 그래서 혈관에 있는 산소와 영양소가 세포로 쉽게 빠져나갈 수 있어요. 세포는 그 물질들을 써서 활동하는 데 필요한 에너지를 생산해요. 이때 이산화탄소 같은 노폐물도 나와요. 이 노폐물은 모세혈관으로 스며 나가서 허파로 보내져요.

모세혈관망
산소는 모세혈관에서 빠져나와 세포로 들어오고 이산화탄소는 모세혈관으로 빠져나가요.

산소가 풍부한 피가 들어와요.

산소가 적은 피가 빠져나가요.

동맥
동맥은 산소가 풍부한 피를 심장에서 모세혈관까지 운반해요.

정맥
정맥은 산소가 적은 피를 심장으로 돌려보내요.

동맥
동맥이라는 튼튼한 혈관은 산소가 풍부한 피를 심장에서 온몸으로 운반해요. 정맥보다 피가 더 높은 압력을 받기 때문에 벽이 더 두꺼워요.

정맥
온몸의 조직에서 산소가 적은 피를 심장으로 돌려보내요. 동맥보다 벽이 더 얇아요.

혈관망

심장은 순환계의 중심이에요. 이 열심히 일하는 근육은 피를 허파로 보내어 산소를 받도록 해요. 허파에서 돌아온 피를 다시 온몸으로 보내고요. 산소를 전달한 피는 심장으로 돌아와서 다시 돌 준비를 해요. 심장에서 나온 피는 근육질인 동맥을 따라 흐르고, 온몸의 조직에서 심장으로 돌아가는 피는 얇은 정맥을 따라 흘러요.

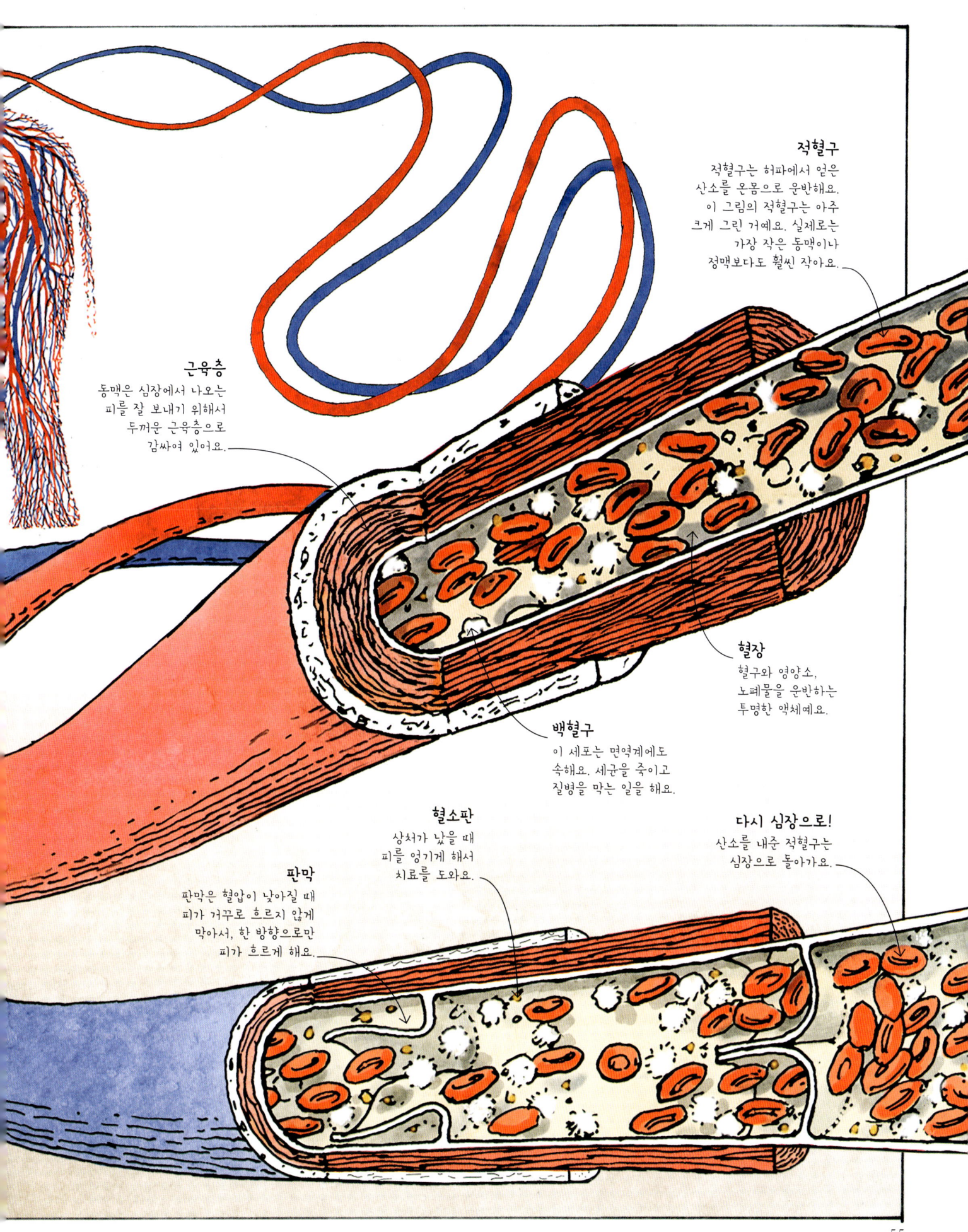

배설

사람과 매머드는 좀 불쾌한 배설물도 내보내요. 몸의 세포들이 끊임없이 노폐물을 만들기 때문이에요. 건강을 유지하려면 이 노폐물을 몸 바깥으로 내보내야 해요. 노폐물은 소변과 땀, 숨을 통해 내보내져요. 대변도 배설물이지요. 대변은 소화계에서 소화되고 남은 찌꺼기예요.

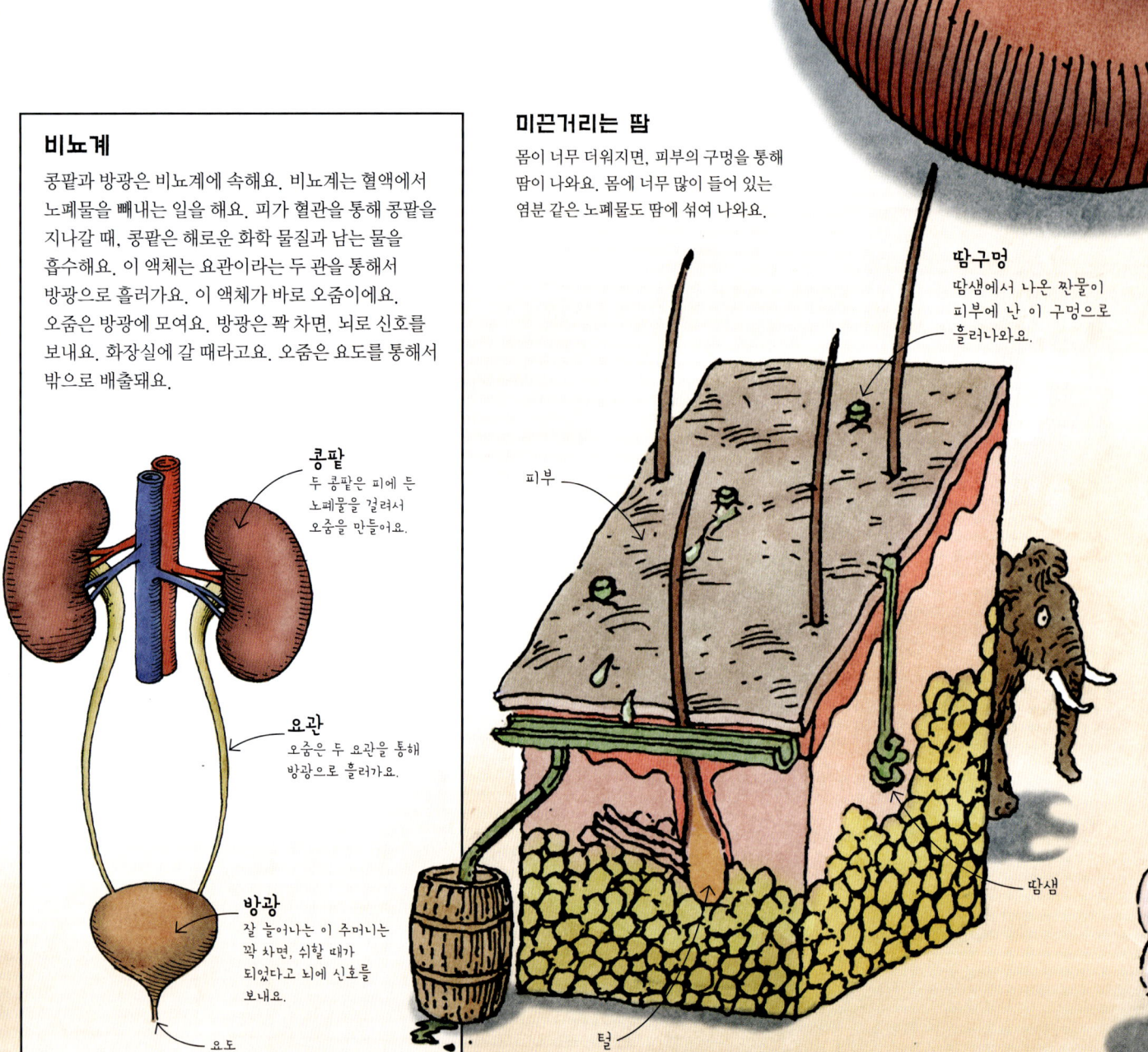

비뇨계

콩팥과 방광은 비뇨계에 속해요. 비뇨계는 혈액에서 노폐물을 빼내는 일을 해요. 피가 혈관을 통해 콩팥을 지나갈 때, 콩팥은 해로운 화학 물질과 남는 물을 흡수해요. 이 액체는 요관이라는 두 관을 통해서 방광으로 흘러가요. 이 액체가 바로 오줌이에요. 오줌은 방광에 모여요. 방광은 꽉 차면, 뇌로 신호를 보내요. 화장실에 갈 때라고요. 오줌은 요도를 통해서 밖으로 배출돼요.

콩팥 두 콩팥은 피에 든 노폐물을 걸러서 오줌을 만들어요.

요관 오줌은 두 요관을 통해 방광으로 흘러가요.

방광 잘 늘어나는 이 주머니는 꽉 차면, 쉬할 때가 되었다고 뇌에 신호를 보내요.

요도

미끈거리는 땀

몸이 너무 더워지면, 피부의 구멍을 통해 땀이 나와요. 몸에 너무 많이 들어 있는 염분 같은 노폐물도 땀에 섞여 나와요.

땀구멍 땀샘에서 나온 짠물이 피부에 난 이 구멍으로 흘러나와요.

피부

땀샘

털

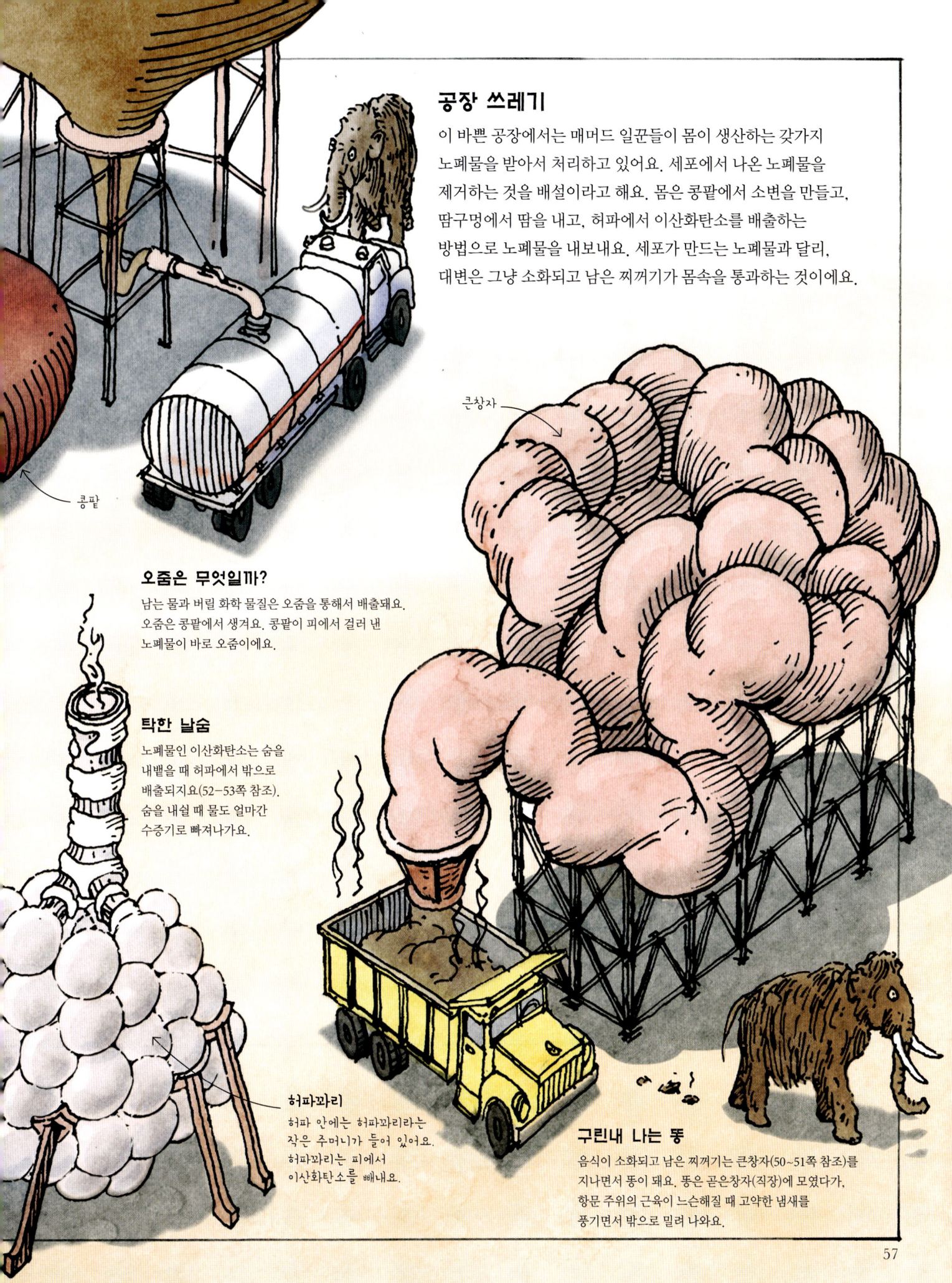

공장 쓰레기

이 바쁜 공장에서는 매머드 일꾼들이 몸이 생산하는 갖가지 노폐물을 받아서 처리하고 있어요. 세포에서 나온 노폐물을 제거하는 것을 배설이라고 해요. 몸은 콩팥에서 소변을 만들고, 땀구멍에서 땀을 내고, 허파에서 이산화탄소를 배출하는 방법으로 노폐물을 내보내요. 세포가 만드는 노폐물과 달리, 대변은 그냥 소화되고 남은 찌꺼기가 몸속을 통과하는 것이에요.

콩팥

큰창자

오줌은 무엇일까?

남는 물과 버릴 화학 물질은 오줌을 통해서 배출돼요. 오줌은 콩팥에서 생겨요. 콩팥이 피에서 걸러 낸 노폐물이 바로 오줌이에요.

탁한 날숨

노폐물인 이산화탄소는 숨을 내뱉을 때 허파에서 밖으로 배출되지요(52–53쪽 참조). 숨을 내쉴 때 물도 얼마간 수증기로 빠져나가요.

허파꽈리

허파 안에는 허파꽈리라는 작은 주머니가 들어 있어요. 허파꽈리는 피에서 이산화탄소를 빼내요.

구린내 나는 똥

음식이 소화되고 남은 찌꺼기는 큰창자(50~51쪽 참조)를 지나면서 똥이 돼요. 똥은 곧은창자(직장)에 모였다가, 항문 주위의 근육이 느슨해질 때 고약한 냄새를 풍기면서 밖으로 밀려 나와요.

뼈

매머드의 피부 밑에는 거대한 뼈들이 있어요. 뼈는 튼튼한 살아 있는 조직으로 되어 있으며, 서로 이어져서 뼈대를 이뤄요. 매머드의 뼈는 사람의 뼈보다 훨씬 더 크지만, 하는 일은 똑같아요. 심장과 허파 같은 물컹거리는 장기를 보호하고, 근육 및 힘줄과 협력하여 몸을 움직여요.

뼈대

매머드의 거대한 뼈대는 300개가 넘는 뼈로 이루어져 있어요. 아주 큰 엑스선 촬영기에서 흐릿하게 빛나는 뼈들이 보여요. 엑스선은 피부와 근육 같은 부드러운 조직은 통과하지만, 치밀한 뼈는 통과하지 못해요. 그래서 뼈가 하얀 그림자처럼 비쳐요.

뼈란 무엇일까?

뼈는 튼튼하고 단단하면서도, 가벼워야 해요. 그래야 움직이기가 쉬워요. 뼈의 내부는 가느다란 막대들이 서로 엇갈려 걸쳐 있는 모습이에요. 가벼우면서 튼튼한 구조예요.

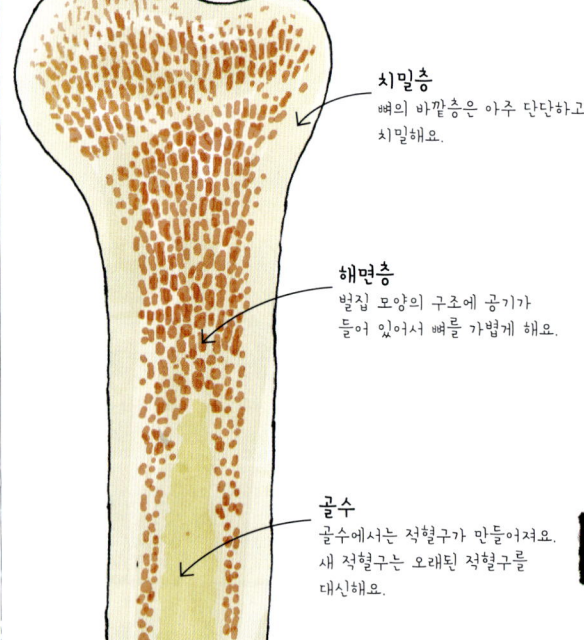

치밀층
뼈의 바깥층은 아주 단단하고 치밀해요.

해면층
벌집 모양의 구조에 공기가 들어 있어서 뼈를 가볍게 해요.

골수
골수에서는 적혈구가 만들어져요. 새 적혈구는 오래된 적혈구를 대신해요.

등뼈
등뼈는 척수를 보호해요. 척추뼈라는 작은 뼈들로 이루어져 있어요.

엄니
매머드의 엄니는 뼈가 아니라, 앞니가 크게 자란 것이에요.

코
매머드 코에는 뼈가 없어요. 근육으로 코를 움직여요.

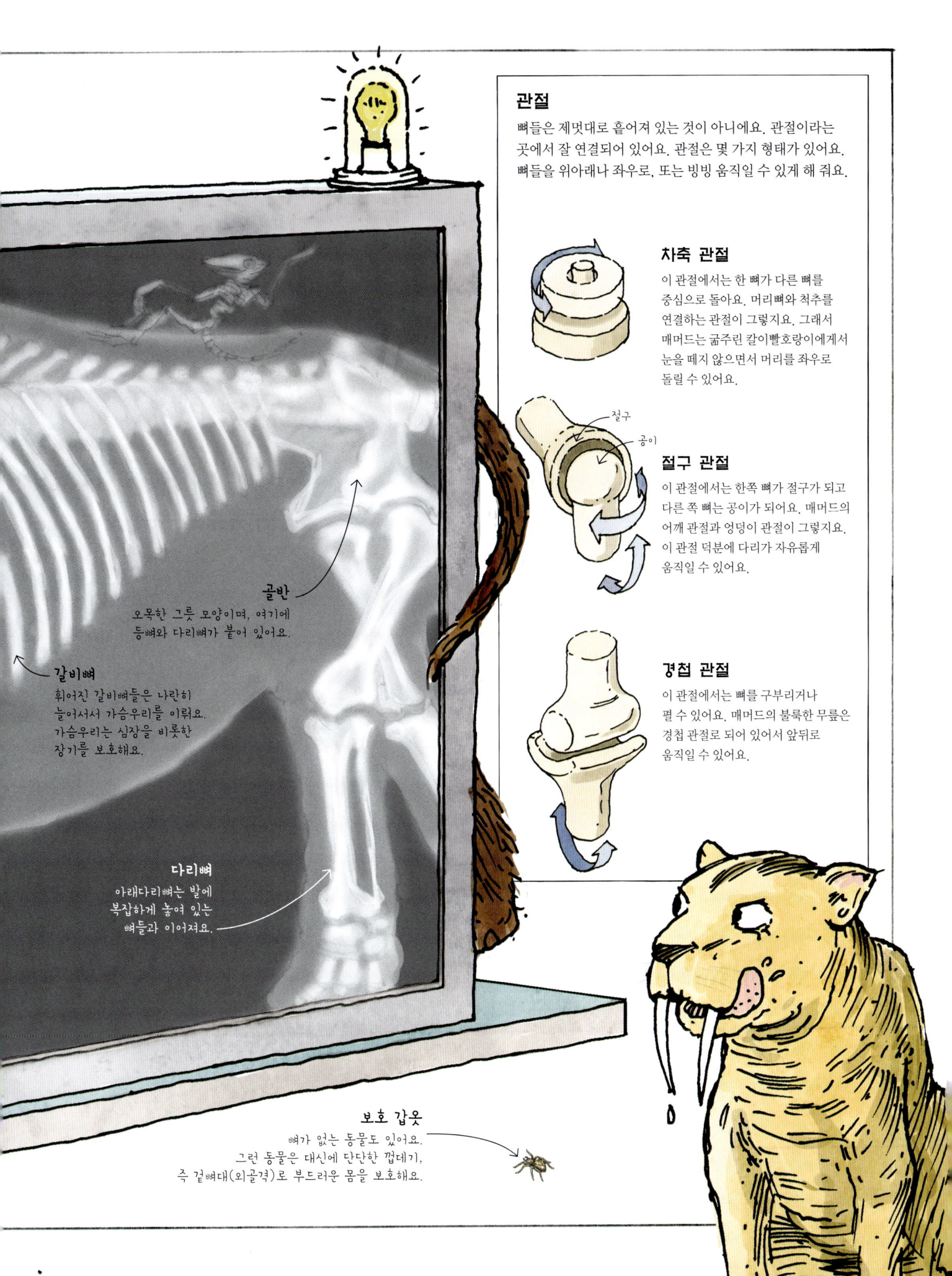

관절

뼈들은 제멋대로 흩어져 있는 것이 아니에요. 관절이라는 곳에서 잘 연결되어 있어요. 관절은 몇 가지 형태가 있어요. 뼈들을 위아래나 좌우로, 또는 빙빙 움직일 수 있게 해 줘요.

차축 관절
이 관절에서는 한 뼈가 다른 뼈를 중심으로 돌아요. 머리뼈와 척추를 연결하는 관절이 그렇지요. 그래서 매머드는 굶주린 칼이빨호랑이에게서 눈을 떼지 않으면서 머리를 좌우로 돌릴 수 있어요.

절구 관절
절구
공이

이 관절에서는 한쪽 뼈가 절구가 되고 다른 쪽 뼈는 공이가 되어요. 매머드의 어깨 관절과 엉덩이 관절이 그렇지요. 이 관절 덕분에 다리가 자유롭게 움직일 수 있어요.

경첩 관절
이 관절에서는 뼈를 구부리거나 펼 수 있어요. 매머드의 불룩한 무릎은 경첩 관절로 되어 있어서 앞뒤로 움직일 수 있어요.

골반
오목한 그릇 모양이며, 여기에 등뼈와 다리뼈가 붙어 있어요.

갈비뼈
휘어진 갈비뼈들은 나란히 늘어서서 가슴우리를 이뤄요. 가슴우리는 심장을 비롯한 장기를 보호해요.

다리뼈
아래다리뼈는 발에 복잡하게 놓여 있는 뼈들과 이어져요.

보호 갑옷
뼈가 없는 동물도 있어요. 그런 동물은 대신에 단단한 껍데기, 즉 겉뼈대(외골격)로 부드러운 몸을 보호해요.

근육

튼튼한 뼈대라도 움직일 근육이 없으면 별 쓸모가 없을 거예요. 근육이라는 조직 다발은 수축하면서(짧아지면서) 뼈를 잡아당겨 움직여요. 인체에는 650개가 넘는 근육이 있어요. 근육은 대부분 쌍쌍이 일해요. 이 매머드들은 우리 위팔의 근육 쌍이 어떻게 일하는지를 보여 줘요. 위팔두갈래근과 위팔세갈래근이에요.

근육 쌍

근육은 수축하면서 일해요. 근섬유가 짧아지면서 당겨지는 거지요. 즉 근육은 밀어내지는 못하고 잡아당기기만 할 수 있어요. 그래서 관절에는 근육이 쌍으로 있어요. 양쪽 방향에 하나씩 붙어 있지요. 먼저 한쪽 근육이 수축하면서 뼈를 잡아당기고, 다음에 반대쪽 근육이 수축하면서 뼈를 제자리로 돌려놓지요.

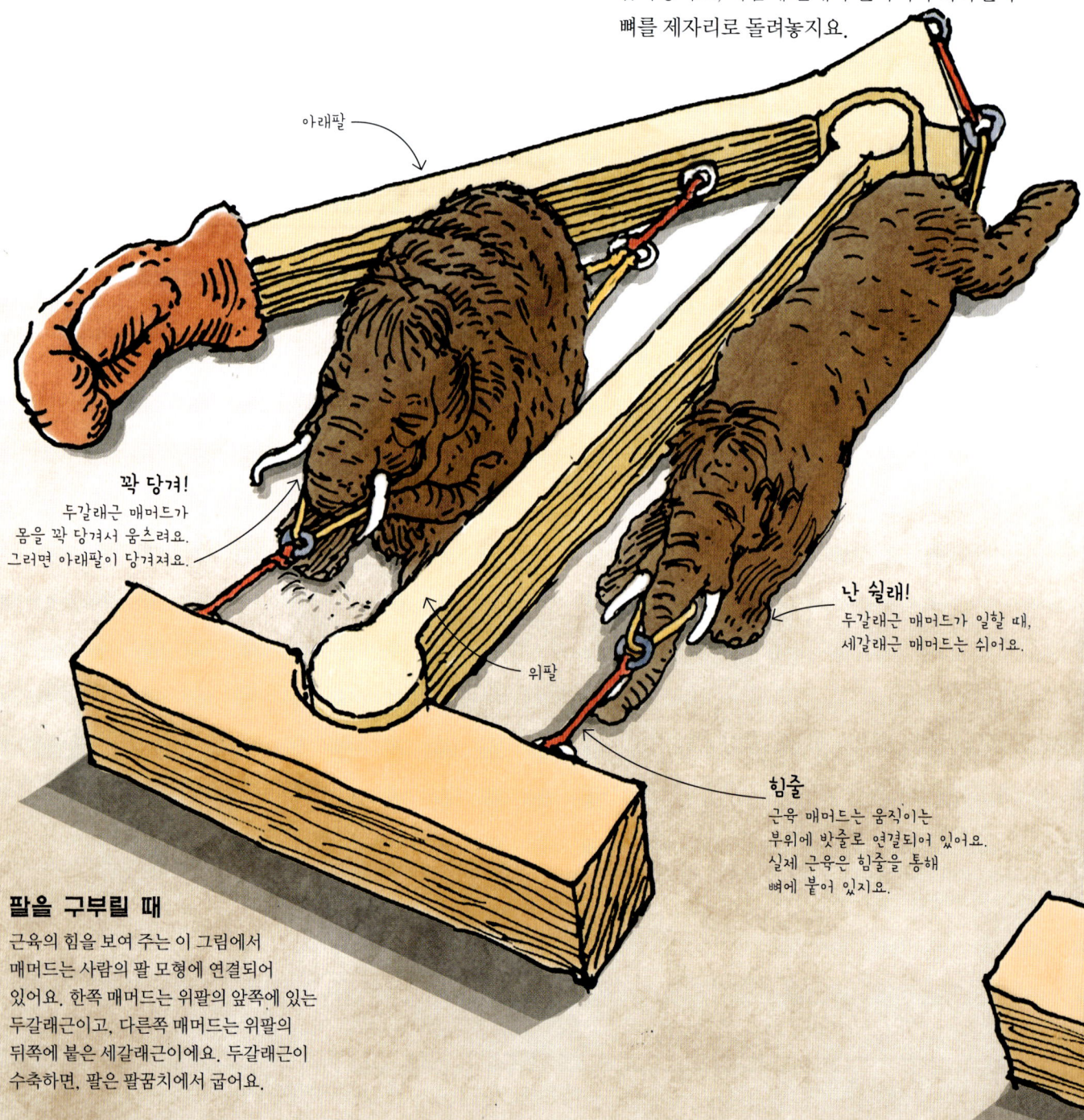

아래팔

꽉 당겨!
두갈래근 매머드가 몸을 꽉 당겨서 움츠려요. 그러면 아래팔이 당겨져요.

위팔

난 쉴래!
두갈래근 매머드가 일할 때, 세갈래근 매머드는 쉬어요.

힘줄
근육 매머드는 움직이는 부위에 밧줄로 연결되어 있어요. 실제 근육은 힘줄을 통해 뼈에 붙어 있지요.

팔을 구부릴 때
근육의 힘을 보여 주는 이 그림에서 매머드는 사람의 팔 모형에 연결되어 있어요. 한쪽 매머드는 위팔의 앞쪽에 있는 두갈래근이고, 다른쪽 매머드는 위팔의 뒤쪽에 붙은 세갈래근이에요. 두갈래근이 수축하면, 팔은 팔꿈치에서 굽어요.

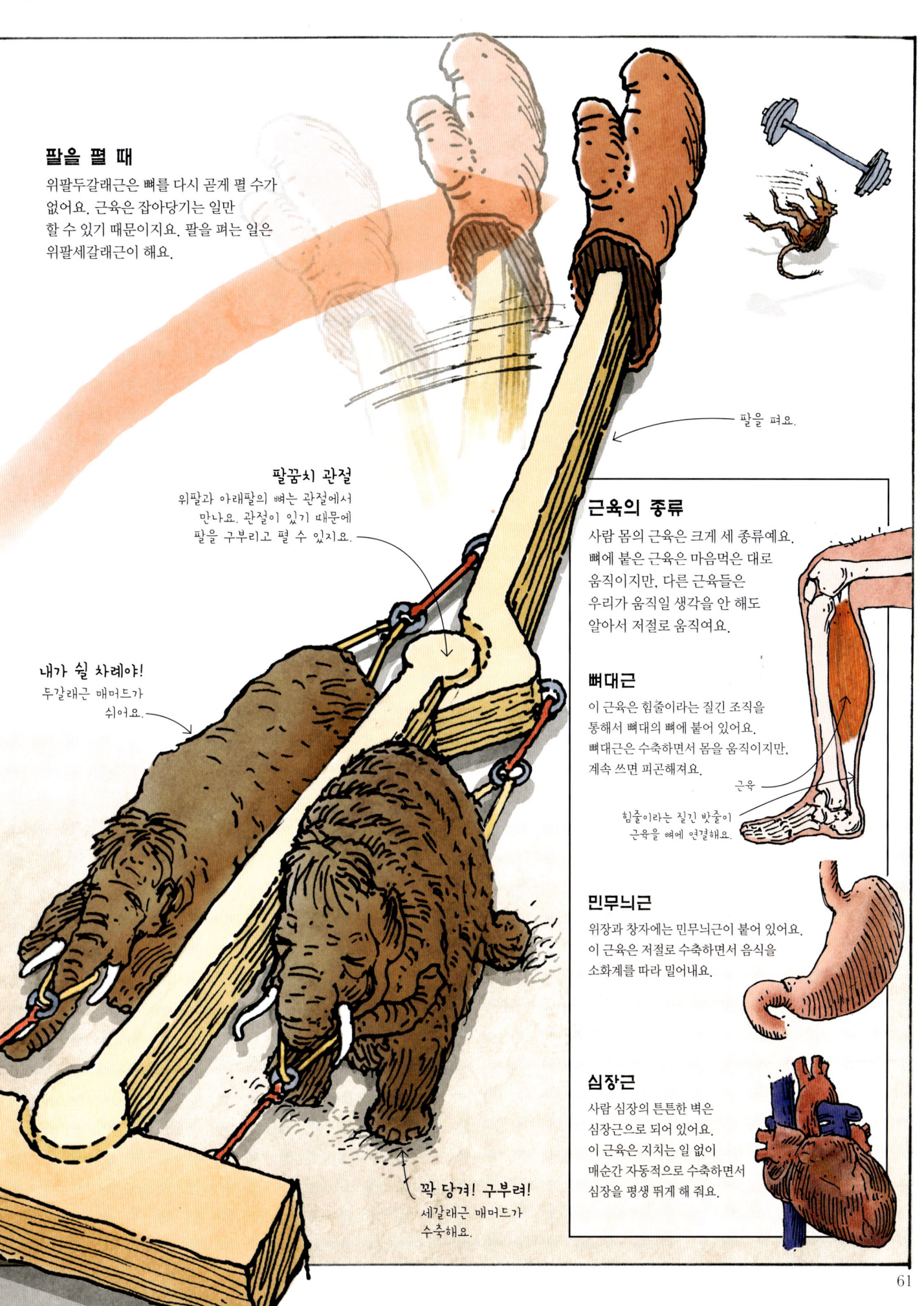

신경계

동물은 주변에서 일어나는 일들을 순식간에 알아차리고 반응할 수 있어요. 바로 신경계 덕분이에요. 신경계는 수십억 개의 신경 세포가 서로 연결된 거예요. 눈을 깜박이는 속도보다 더 빨리 온몸으로 전기 신호를 주고받지요.

감지와 반응

신경계는 호흡과 소화 같은 여러 과정들을 조절해요. 우리가 알아차리지 못하는 사이에요. 그러나 우리가 생각한 대로 일으킬 수 있는 반응도 있어요. 이 매머드가 덤불에 숨은 굶주린 포식자를 보는 순간, 신경계는 와락 신호를 보내요.

제어와 통신

사람의 신경계는 두 부분으로 이루어져 있어요. 뇌와 척수로 된 중추 신경계와 온몸으로 퍼져 있는 말초 신경계예요. 감각 신경은 감각 수용기에서 오는 신호를 뇌로 보내요. 운동 신경은 뇌가 내리는 명령을 근육과 기관으로 전달해요.

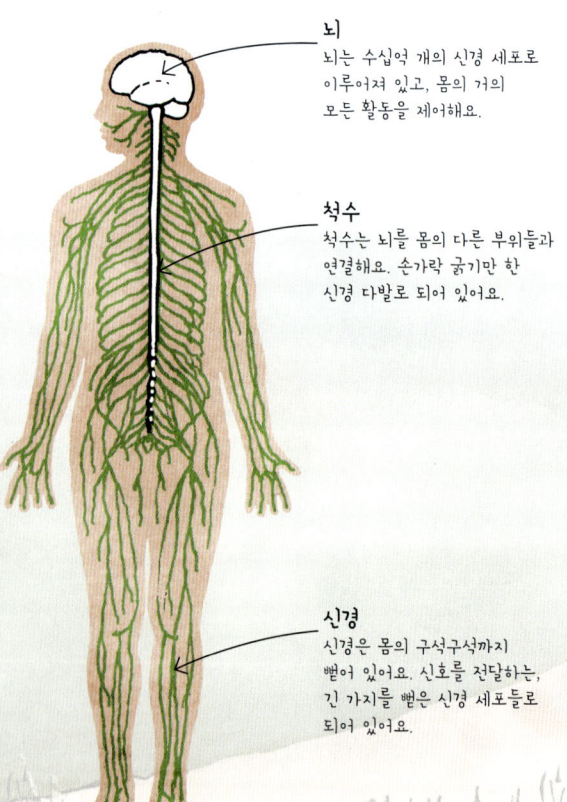

뇌
뇌는 수십억 개의 신경 세포로 이루어져 있고, 몸의 거의 모든 활동을 제어해요.

척수
척수는 뇌를 몸의 다른 부위들과 연결해요. 손가락 굵기만 한 신경 다발로 되어 있어요.

신경
신경은 몸의 구석구석까지 뻗어 있어요. 신호를 전달하는, 긴 가지를 뻗은 신경 세포들로 되어 있어요.

무시무시한 광경
덤불에서 굶주린 칼이빨호랑이가 갑자기 튀쳐나와요.

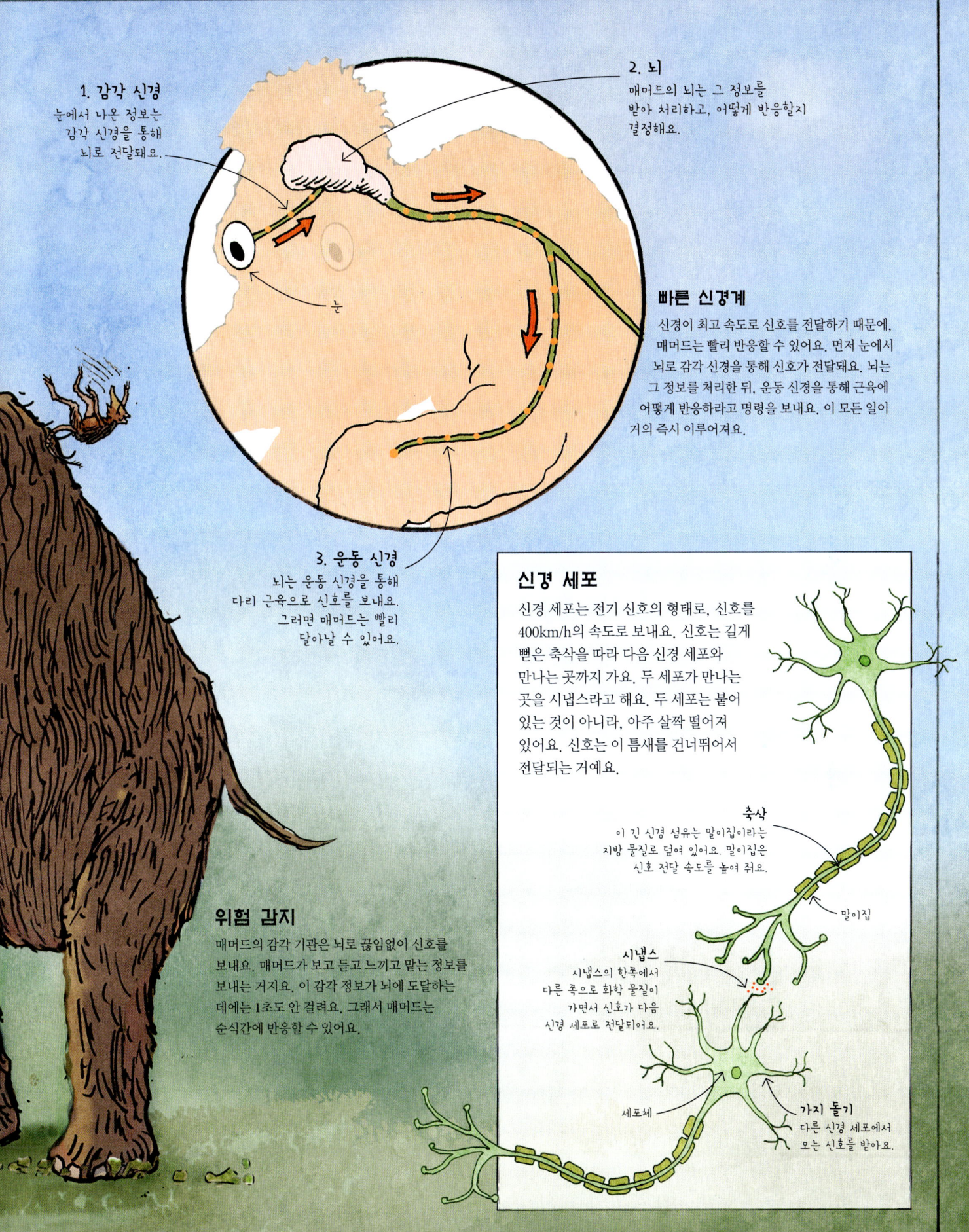

눈

눈은 놀라운 기관이에요. 주변에서 오는 빛을 받아 선명한 상을 맺어서 뇌에 알려 줘요. 아주 작은 코끼리땃쥐부터 사람, 커다란 털북숭이 매머드에 이르기까지, 모든 포유동물의 눈은 똑같은 방식으로 작동해요. 빛은 눈동자를 통해 들어와서 빛에 민감한 망막에 초점을 맺어요.

눈 속

이 그림은 눈이 어떻게 상을 맺는지를 보여 줘요. 웃고 있는 코끼리땃쥐의 몸에 부딪쳐서 나온 빛이 수정체라는 투명한 원반을 지나서 눈으로 들어와요. 수정체는 빛(91쪽 참조)을 구부려서 눈 뒤쪽에 있는 망막에 뚜렷하게 상이 맺히도록 해요. 이 상은 뒤집혀 있어요. 망막에 있는 빛에 민감한 세포는 이 상을 신경 신호로 바꾸어서 뇌로 보내요. 뇌는 신호를 다시 상으로 바꾸어요. 이때 뒤집힌 모습도 원래대로 바꾸고요.

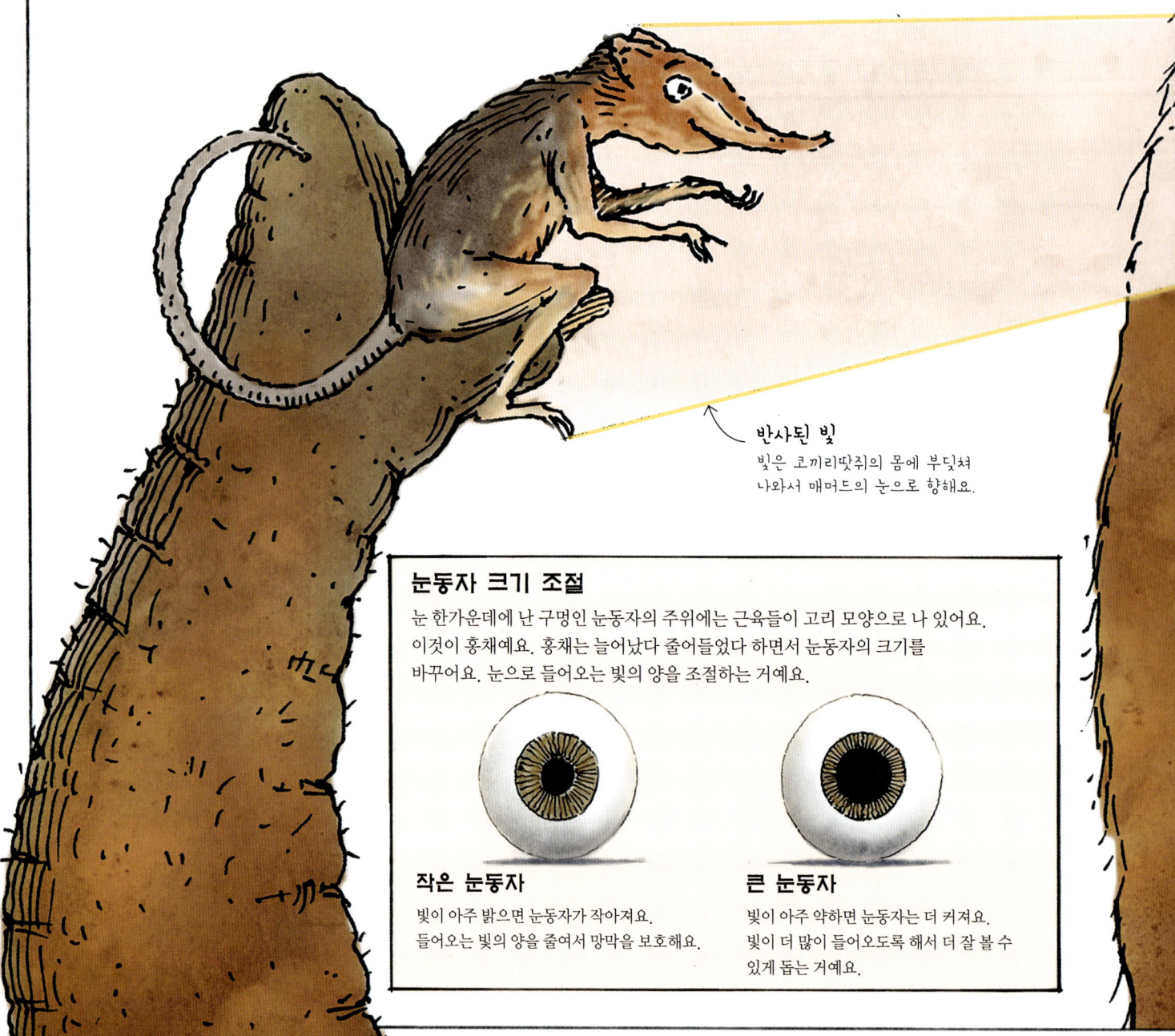

반사된 빛
빛은 코끼리땃쥐의 몸에 부딪쳐 나와서 매머드의 눈으로 향해요.

눈동자 크기 조절

눈 한가운데에 난 구멍인 눈동자의 주위에는 근육들이 고리 모양으로 나 있어요. 이것이 홍채예요. 홍채는 늘어났다 줄어들었다 하면서 눈동자의 크기를 바꾸어요. 눈으로 들어오는 빛의 양을 조절하는 거예요.

작은 눈동자
빛이 아주 밝으면 눈동자가 작아져요. 들어오는 빛의 양을 줄여서 망막을 보호해요.

큰 눈동자
빛이 아주 약하면 눈동자는 더 커져요. 빛이 더 많이 들어오도록 해서 더 잘 볼 수 있게 돕는 거예요.

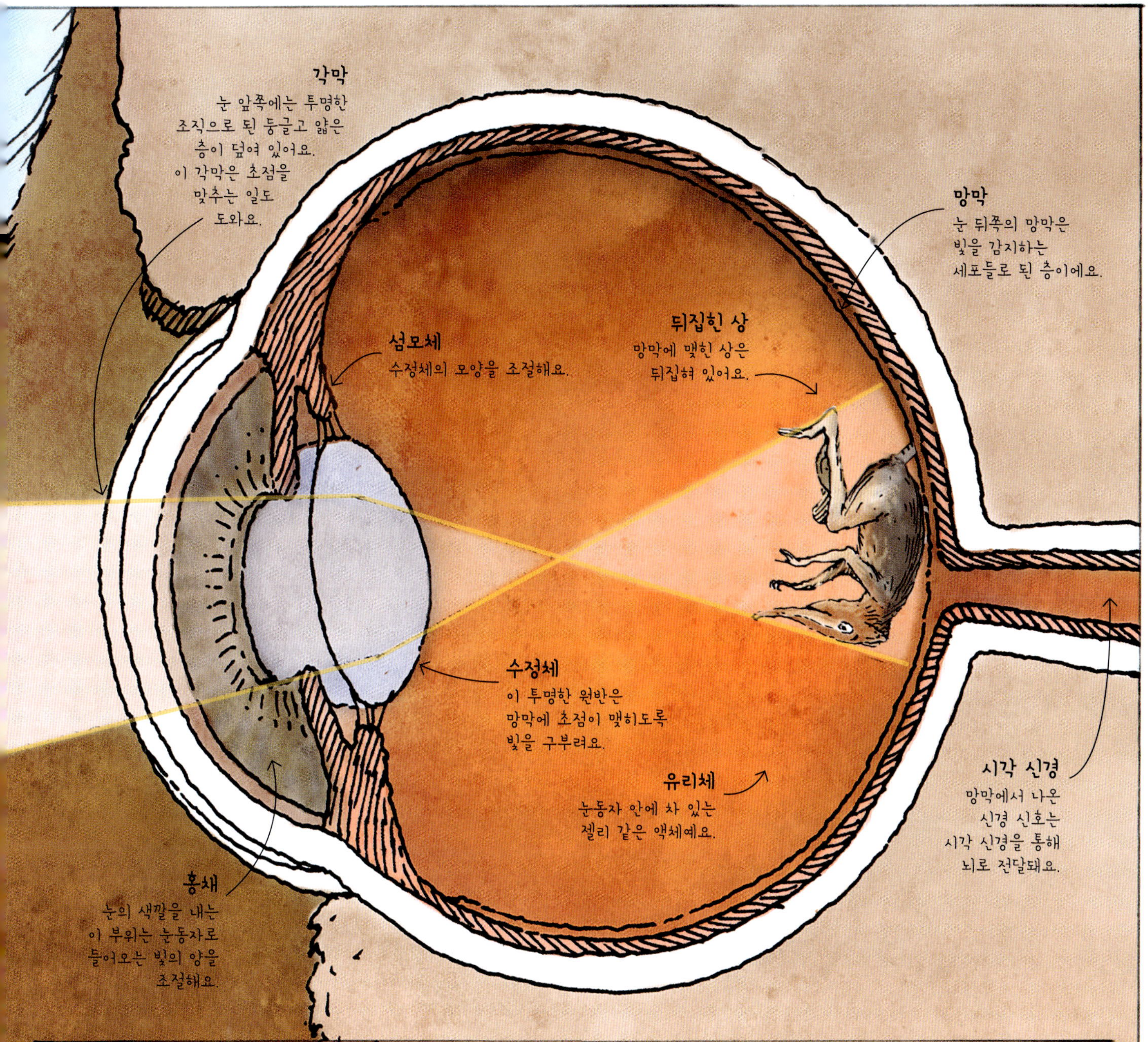

각막
눈 앞쪽에는 투명한 조직으로 된 둥글고 얇은 층이 덮여 있어요. 이 각막은 초점을 맞추는 일도 도와요.
망막
눈 뒤쪽의 망막은 빛을 감지하는 세포들로 된 층이에요.
섬모체
수정체의 모양을 조절해요.
뒤집힌 상
망막에 맺힌 상은 뒤집혀 있어요.
수정체
이 투명한 원반은 망막에 초점이 맺히도록 빛을 구부려요.
유리체
눈동자 안에 차 있는 젤리 같은 액체예요.
시각 신경
망막에서 나온 신경 신호는 시각 신경을 통해 뇌로 전달돼요.
홍채
눈의 색깔을 내는 이 부위는 눈동자로 들어오는 빛의 양을 조절해요.

초점 맞추기

수정체는 빛의 초점이 망막에 맺히도록 하는 부드럽고 투명한 원반이에요. 멀리 또는 가까이 있는 물체들을 뚜렷이 보려면, 눈동자의 모양을 바꾸어야 해요. 수정체에 붙은 섬모체는 저절로 늘어나거나 수축하면서 눈동자를 조절해요. 멀리 있는 물체를 볼 때면 수정체를 얇게 만들고, 가까이 있는 물체를 볼 때면 두껍게 만들어요. 이렇게 끊임없이 수정체 모양을 세밀하게 바꾸어서 늘 망막에 초점이 맺히도록 해요.

섬모체가 이완해요.
수정체가 얇아져요.

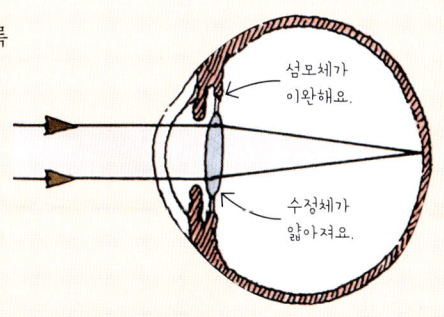

원거리 초점

멀리 있는 물체를 볼 때는 섬모체가 이완하고 수정체가 더 얇아져요. 그러면 멀리 있는 물체는 선명해지고 가까이 있는 물체는 흐릿해져요.

섬모체가 수축해요.
수정체가 두꺼워져요.

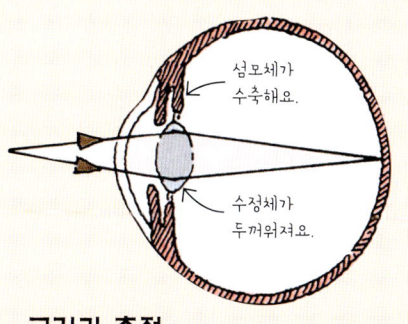

근거리 초점

가까운 물체를 볼 때는 섬모체가 수축하고 수정체가 두꺼워져요. 그러면 가까이 있는 물체는 선명해지고 멀리 있는 물체는 흐릿해져요.

귀

매머드는 우리보다 귀가 훨씬 크지만, 듣는 원리는 똑같아요. 음파를 뇌가 이해할 수 있는 정보로 바꾸는 거예요. 머리 양쪽에 난 크고 덥수룩한 펄럭이는 귀는 그저 귀의 입구일 뿐이에요. 힘든 일은 다 귀 안에서 이루어져요.

우리는 어떻게 들을까요?

음파는 바깥귀길로 들어와서 고막에 부딪쳐요. 그러면 고막이 진동해요. 가운데귀의 세 귓속뼈는 이 진동을 증폭시켜서 속귀의 달팽이관으로 전달해요. 달팽이관은 진동을 신경 신호로 바꾸어서, 청각 신경을 통해 뇌로 보내요.

바깥귀길(외이도)
바깥귀에서 가운데귀로 음파를 보내는 통로예요.

귓바퀴
귀의 바깥쪽은 음파를 모아서 바깥귀길로 들여보내요.

바깥귀

움직임 감지

속귀의 반고리관은 액체로 차 있어요. 머리가 움직이면 이 액체도 움직이면서 뇌로 신경 신호를 보내요. 뇌는 이 신호를 써서 몸의 위치와 자세를 알아내서, 넘어지지 않게 해요.

회전
반고리관의 액체가 회전하면, 뇌는 머리가 돌고 있다는 것을 알아요.

정지
반고리관의 액체가 움직이지 않으면, 머리가 움직이지 않는다는 뜻이지요.

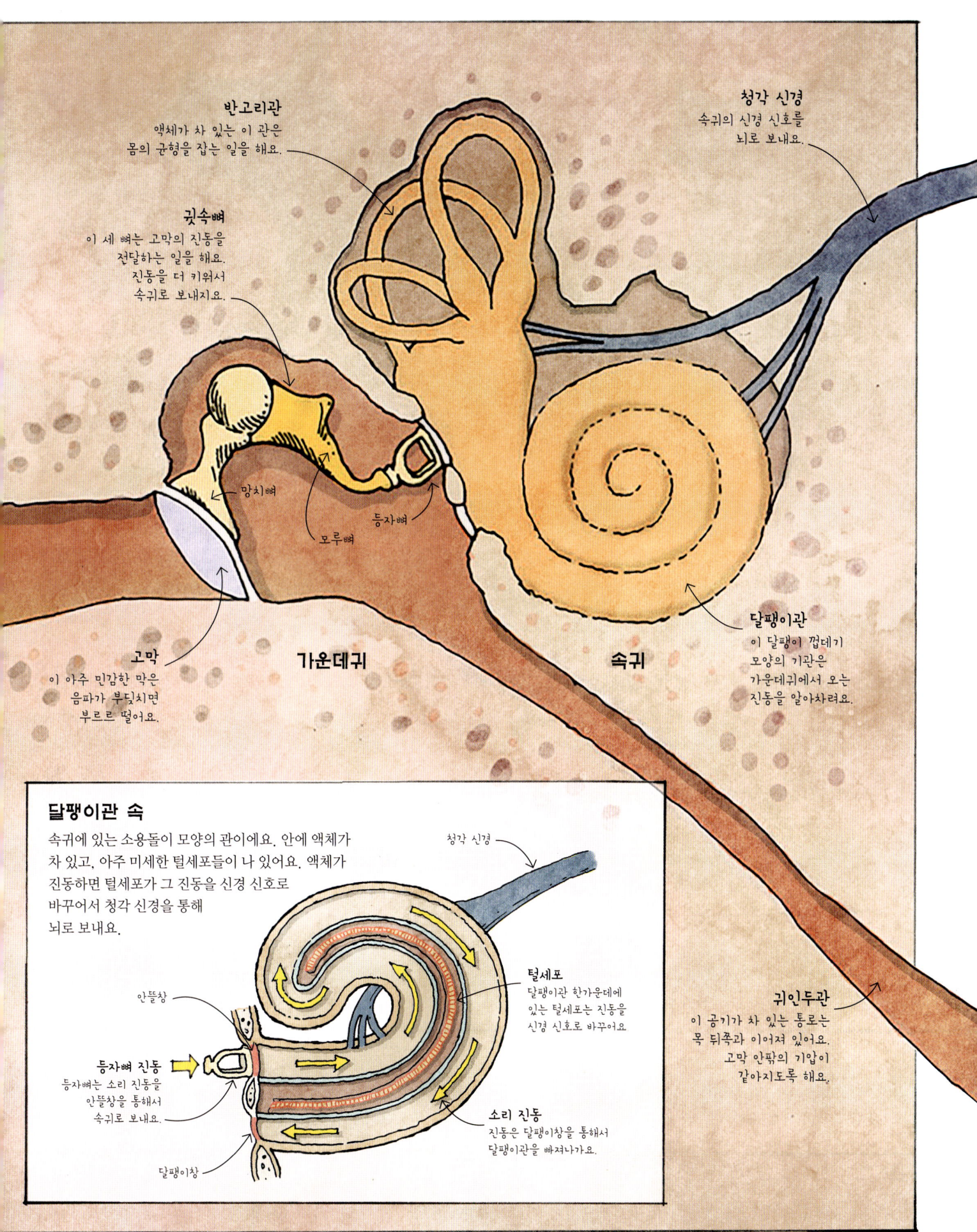

신체 방어

몸은 끊임없이 병균에게 공격을 받고 있어요. 병균은 세균과 바이러스 같은 해로운 미생물을 말해요. 다행히도 몸에는 적의 침입을 막는 장벽이 많이 있어요. 피부는 일차 방어선이에요. 병균이 들어오지 못하게 막지요. 몸속에서는 침, 눈물, 콧물이 침입자를 씻어 내요. 이런 체액의 방어가 실패하면, 면역계가 군인 역할을 하는 세포 군대를 보내서 적을 공격해 없애요. 그러면 다시 건강해져요.

재생과 새살
피부에 상처가 나면, 이 성벽처럼 수리가 이루어져요. 핏속에 든 혈소판이라는 작은 세포들이 상처 난 곳에 엉겨 붙어요. 그러면 피딱지가 생기죠. 피딱지는 새살이 돋는 동안 세균의 침입을 막아요.

면역계

몸의 장벽들은 병균을 아주 잘 막지만, 그래도 뚫고 들어오는 적들이 있어요. 그때 면역계가 나서요. 면역계는 몸에 들어온 병균과 싸우고, 나중에 같은 병균이 또 침입하면 빨리 막을 수 있도록 면역력을 높여요. 어떤 병균이 침입했는지 알아낸 뒤, 항체라는 화학 물질을 만들어서 공격해요.

1. 1차 반응
식세포라는 백혈구는 침입하는 세균을 감싸서 먹어 치워요.

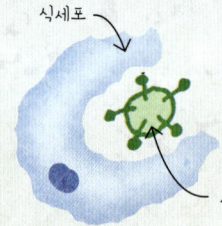

2. 정체 확인
림프구라는 백혈구는 어떤 세균인지 알아내어, 그 세균과 가장 잘 싸울 항체를 만들어요.

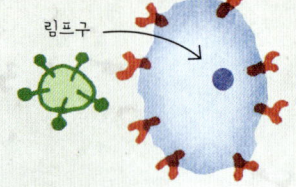

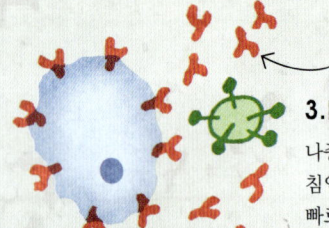

3. 빠른 대처
나중에 같은 세균이 다시 침입하면, 수조 개의 항체가 빠르게 만들어져서 감염을 막아요.

성장

모든 생물은 성장하면서 변해요. 동물이 태어나서 죽기까지의 과정을 한살이라고 해요. 어린 동물은 크기만 작을 뿐 부모를 쏙 빼닮은 모습일 때도 많지만, 자라면서 몸에는 중요한 변화가 많이 일어나요.

점점 커져요!
매머드는 몸집과 키가 커지고, 엄니도 자라요.

아기의 몸
아기 포유동물은 어른보다 몸집에 비해 머리가 더 크고 다리가 더 짧아요.

유아기
갓 태어난 포유동물은 부모가 먹이를 주고 돌봐야 해요. 어린 동물은 몸도 빨리 자라지만, 마음도 발달해요. 주변 세계를 배우고 살아남는 법도 배워요.

청년기
성장 속도가 느려지긴 하지만, 그래도 아직 자라고 있어요. 스스로 먹이를 찾고 위험을 알아차리는 등 부모로부터 독립하는 법을 천천히 배워요.

탈바꿈

포유동물은 점점 커지면서 어른이 되지만, 많은 곤충은 자라면서 모습도 생활 방식도 완전히 바뀌어요. 이렇게 완전히 바뀌는 것을 탈바꿈이라고 해요. 꿈틀거리는 애벌레에서 아름다운 나비로 변신하는 것처럼, 삶의 단계에 따라 모습이 알아볼 수 없을 만치 바뀌기도 해요.

알
나비는 들키지 않도록 잎의 뒷면에 아주 작은 알을 낳아요.

애벌레
알에서 나온 애벌레는 곧바로 먹기 시작해요. 끊임없이 먹으면서 계속 자라요.

번데기
애벌레는 때가 되면 성장을 멈추고, 단단한 껍질을 만들어서 번데기가 되어요.

나비
껍질 안에서 애벌레는 탈바꿈을 해요. 몇 주 지나면 나비가 나와요.

포유동물 만들기

매머드, 코끼리땃쥐, 사람은 모두 태반 포유동물이에요. 아기는 태어날 준비가 될 때까지, 엄마의 몸속에서 태반이라는 기관의 도움을 받아서 자라요.

한배에 한 마리
커다란 포유동물은 대개 한 번에 새끼를 한 마리만 낳아요.

어미의 젖
포유류 암컷은 영양가 높은 젖을 새끼에게 먹여요.

한배에 여러 마리
몸집이 작은 포유동물일수록, 한배에 새끼를 여러 마리 낳아요.

번식

매머드 암컷과 수컷이 짝짓기를 하면 어떤 일이 일어날까요? 새끼 매머드가 태어나지요! 다 자란 생물은 모두 번식을 해요. 번식하지 않는다면, 종은 죽어 사라질 것이고 생물도 존재할 수 없을 거예요. 동물들은 대부분 양쪽 부모의 생식 세포를 결합하여 새로운 생물을 만들어요. 이를 유성 생식이라고 해요.

새로운 생명

유성 생식에는 부모가 필요해요. 암컷과 수컷이에요. 부모는 생식 세포라는 특수한 세포를 만들어요. 생식 세포는 다른 세포들에 비해 염색체 수가 절반이에요(74쪽 참조). 양쪽 생식 세포들은 합쳐져서 새로운 생물로 자랄 수 있어요. 이 생물의 몸에는 양쪽 부모의 염색체가 섞여 있어요. 따라서 유성 생식에서는 생물들이 모두 저마다 독특하지요.

배아는 어떻게 발달할까?

수컷의 생식 세포는 정자, 암컷의 생식 세포는 난자라고 해요. 두 생식 세포는 결합하여 수정란이 된 뒤에, 자라서 배아가 되어요. 포유류는 이 과정이 암컷의 몸속에서 일어나며, 태반이라는 기관이 배아가 자라도록 도와요.

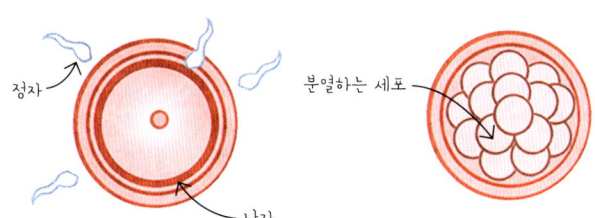

1. 수정
난자에 맨 처음으로 도착한 정자는 난자의 바깥 껍질을 파고 들어가요. 두 세포가 합쳐진 것이 수정란이에요. 이 과정을 수정이라고 해요.

2. 세포 분열
수정란은 몇 시간 이내에 분열을 시작해요. 분열이 계속되면서 여러 세포들로 이루어진 덩어리인 배아가 되지요.

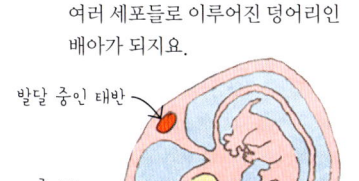

3. 배아 착상
배아는 임시로 만들어진 난황주머니로부터 영양분을 얻으면서 계속 자라요. 그러다가 엄마의 자궁벽에 달라붙어요.

4. 태반 형성
이제 태반이 발달하면서 영양분과 산소를 공급하고, 노폐물을 빼내요. 액체로 채워진 양막주머니는 배아를 보호해요.

알 낳기

모든 조류와 대부분의 곤충, 파충류, 어류는 알을 낳아요. 배아는 알 속에서 발달해요. 부화할 때가 되면, 새끼는 몸부림치거나 꿈틀거리거나 헤엄치면서 껍데기나 막을 깨거나 찢고 나와요.

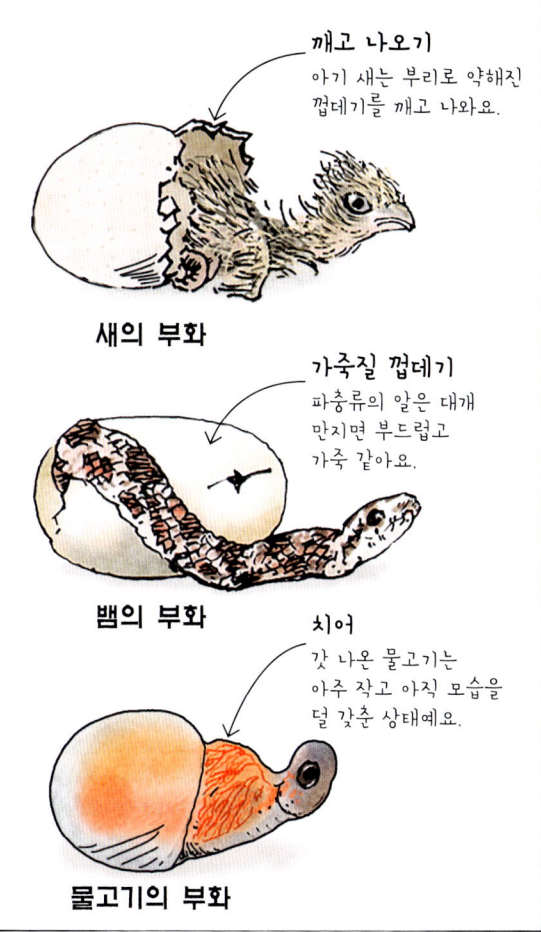

깨고 나오기 — 아기 새는 부리로 약해진 껍데기를 깨고 나와요.

새의 부화

가죽질 껍데기 — 파충류의 알은 대개 만지면 부드럽고 가죽 같아요.

뱀의 부화

치어 — 갓 나온 물고기는 아주 작고 아직 모습을 덜 갖춘 상태예요.

물고기의 부화

클론 생성

몇몇 동물은 짝 없이 홀로 번식할 수 있어요. 이를 무성 생식이라고 해요. 나온 새끼는 어미의 복사본, 즉 클론이에요. 어미와 유전자가 똑같기 때문이에요. 작은 곤충인 진딧물은 이런 방법으로 번식을 하여 짧은 기간에 엄청나게 불어나요.

진딧물 암컷 — 어미는 자신의 클론인 새끼를 낳아요.

디엔에이(DNA)

생물을 만드는 데 필요한 명령문은 모두 데옥시리보핵산이라는 긴 이름의 커다란 분자에 들어 있어요. 줄여서 DNA라고 해요. DNA는 모든 생물의 모든 세포에 들어 있어요. DNA는 칭칭 감겨서 염색체를 이루고 있지요. 염색체를 죽 풀면 비틀린 사다리 같은 모습의 DNA 분자가 보여요. 이 모습을 이중 나선이라고 해요.

염색체
염색체는 세포핵에 들어 있어요. 사람은 염색체가 46개예요.

히스톤
염색체의 DNA는 히스톤이라는 공 모양의 단백질에 칭칭 감겨 있어요. 그래서 부피가 작아요.

염기쌍
사다리의 '단'은 염기라는 네 가지 화학 물질로 이루어져 있어요. 각 염기는 정해진 염기와만 짝을 지을 수 있어요.

유전자
유전자는 DNA 조각이에요. 유전자의 염기 순서가 바로 명령문이에요.

양쪽의 긴 부위가 DNA 뼈대예요.

일란성 쌍둥이

사람마다 서로 다른 유전자 집합을 지니고 있어요. 일란성 쌍둥이만 빼고요. 일란성 쌍둥이는 똑같은 유전자 집합을 지녀요. 그래서 눈 색깔, 머리 색깔 등 똑같은 신체 특징이 아주 많아요. 그렇지만 유전자가 모든 특징을 정하는 것은 아니에요. 환경이나 생활 습관도 영향을 미쳐요. 키는 유전자뿐 아니라, 식단 같은 요인들에도 영향을 받아요.

똑같은 유전자
일란성 쌍둥이는 부모에게 똑같은 유전자를 물려받아요.

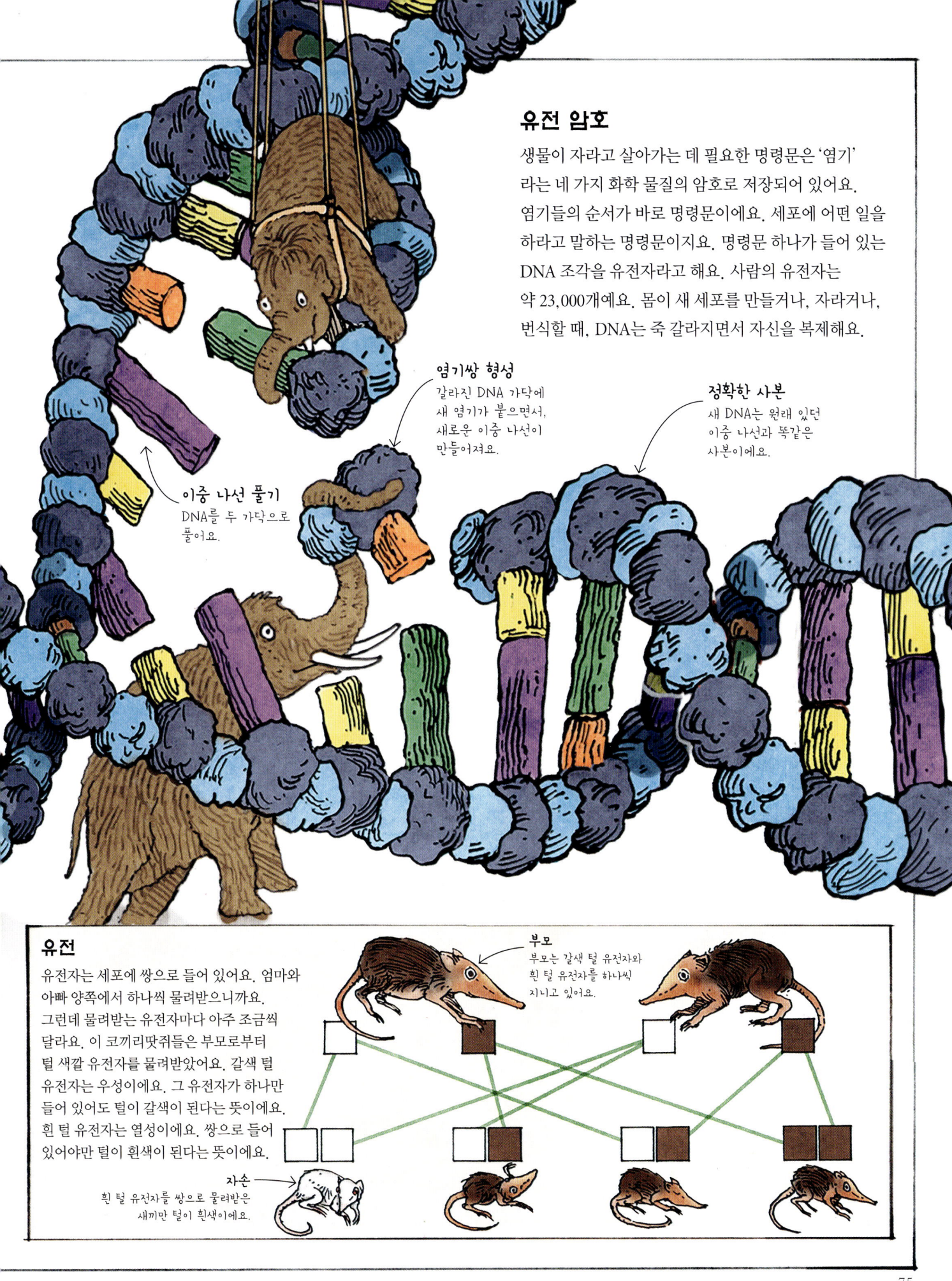

유전 암호

생물이 자라고 살아가는 데 필요한 명령문은 '염기'라는 네 가지 화학 물질의 암호로 저장되어 있어요. 염기들의 순서가 바로 명령문이에요. 세포에 어떤 일을 하라고 말하는 명령문이지요. 명령문 하나가 들어 있는 DNA 조각을 유전자라고 해요. 사람의 유전자는 약 23,000개예요. 몸이 새 세포를 만들거나, 자라거나, 번식할 때, DNA는 죽 갈라지면서 자신을 복제해요.

염기쌍 형성
갈라진 DNA 가닥에 새 염기가 붙으면서, 새로운 이중 나선이 만들어져요.

정확한 사본
새 DNA는 원래 있던 이중 나선과 똑같은 사본이에요.

이중 나선 풀기
DNA를 두 가닥으로 풀어요.

유전

유전자는 세포에 쌍으로 들어 있어요. 엄마와 아빠 양쪽에서 하나씩 물려받으니까요. 그런데 물려받는 유전자마다 아주 조금씩 달라요. 이 코끼리땃쥐들은 부모로부터 털 색깔 유전자를 물려받았어요. 갈색 털 유전자는 우성이에요. 그 유전자가 하나만 들어 있어도 털이 갈색이 된다는 뜻이에요. 흰 털 유전자는 열성이에요. 쌍으로 들어 있어야만 털이 흰색이 된다는 뜻이에요.

부모
부모는 갈색 털 유전자와 흰 털 유전자를 하나씩 지니고 있어요.

자손
흰 털 유전자를 쌍으로 물려받은 새끼만 털이 흰색이에요.

진화

지구의 생물이 언제나 지금과 같은 모습이었던 것은 아니에요. 종은 수백만 년에 걸쳐서 환경에 적응하면서 변해요. 새 종이 생겨나고, 있던 종은 사라져요. 생물이 기나긴 세월에 걸쳐서 변하는 이 과정을 진화라고 해요.

움직이는 코
프리멜레파스는 긴 코를 숲에서 먹이를 움켜쥐는 데 썼을 수도 있어요.

팔레오마스토돈
코끼리의 친척인 이 동물은 약 2,800만 년 전에 살았어요. 코와 엄니가 짧았고, 귀가 머리 뒤쪽에 달려 있었지요.

곰포테리움
엄니가 더 컸어요. 위턱에 뾰족한 엄니가 2개, 아래턱에는 삽처럼 생긴 납작한 엄니가 2개 있었어요. 약 1,000만 년 전에 살았어요.

프리멜레파스
친척인 곰포테리움보다 위턱의 엄니가 더 길고, 아래턱 엄니는 더 짧았어요. 약 600만 년 전에 살았어요. 매머드와 현생 코끼리의 가까운 친척이에요. 프리멜레파스는 '최초의 코끼리'라는 뜻이에요.

가족을 만나 볼까요?

진화는 아주 많은 세대에 걸쳐 일어나면서 새로운 동물들을 낳아요. 털매머드는 먼 옛날에 살았던 종들과 지금 살고 있는 아프리카코끼리와 아시아코끼리로 이루어진 큰 집안에 속해 있어요.

자연 선택

진화의 추진력은 자연 선택이에요. 자기 환경에 잘 맞는 생물은 살아남아서, 좋은 특징을 후손에게 물려주지요. 이 나무의 초록색 딱정벌레는 새의 눈에 잘 띄어서 금방 잡혀 먹어요. 눈에 잘 안 띄는 갈색 딱정벌레는 살아남아요. 결국 이 종의 딱정벌레는 대부분 갈색을 띨 거예요.

갈색 딱정벌레는 눈에 덜 띄어요.

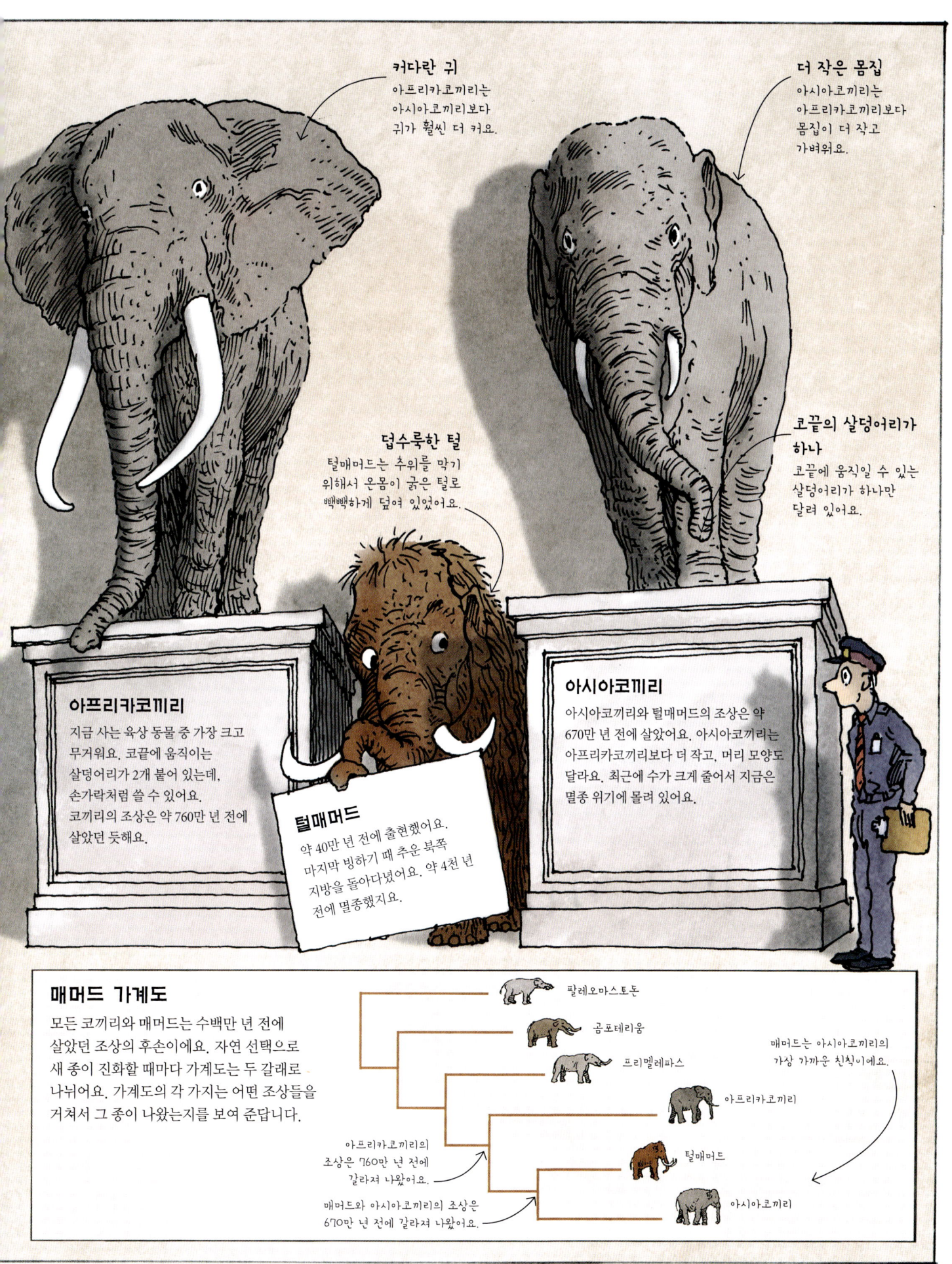

에너지

에너지란 무엇일까?

빛나는 태양에서 책 읽기에 이르기까지, 우주에서 일어나는 모든 일은 에너지를 써요. 모든 일에는 에너지가 필요하고, 에너지는 늘 우리 곁에 있지요. 에너지는 새로 생기지도 없어지지도 않아요. 어딘가에 저장되었다가 다른 곳으로 옮겨가기만 하는 거예요.

1. 꼭대기에서
나중에 쓰일 수 있도록 저장된 에너지를 위치 에너지라고 해요. 높은 곳에 앉아 있는 이 매머드는 중력 위치 에너지를 저장하고 있어요. 이 에너지는 중력이 매머드를 땅으로 끌어당길 때 다른 곳으로 전달될 수 있어요.

낙하
매머드가 뛰어내릴 때 위치 에너지는 운동 에너지로 바뀌어요.

2. 뛰어내리기
매머드가 뛰어내리면, 떨어지면서 점점 속도가 빨라져요. 움직이는 물체가 지닌 에너지는 운동 에너지라고 해요. 물체가 무겁고 빨리 움직일수록, 운동 에너지는 더 커요.

바닥에 쿵!
매머드가 땅에 부딪칠 때, 일부 에너지는 열이나 소리를 통해 주위로 전달돼요.

3. 짓눌린 용수철
매머드가 발에 낀 용수철은 짓눌릴 때 에너지를 저장해요. 매머드가 땅에 떨어질 때, 운동 에너지는 대부분 용수철로 전달되지요. 일부 에너지는 소리로 전달돼요. 그래서 매머드가 땅에 부딪칠 때 쿵 소리가 나지요.

에너지 전달

전등을 켜거나 자전거를 탈 때면 에너지가 어떻게 일을 하는지 쉽게 알 수 있어요. 그러나 더 애매한 방식으로 에너지가 저장되고 전달될 때도 많아요. 이 묘기를 부리는 매머드는 처음에 높은 곳에 올라가 있어요. 높은 곳에 올라간 것은 무엇이든 간에 다시 내려올 잠재력을 지녀요. 다시 말해, 매머드는 위치 에너지를 저장하고 있는 거예요. 매머드가 폴짝 뛰면, 위치 에너지는 운동으로 전달돼요.

4. 튀어 오르기

용수철은 다시 펴질 때, 탄성 에너지를 써요. 이 에너지는 다시 운동 에너지로 바뀌면서 매머드는 공중으로 튀어 올라요. 매머드는 떨어졌다 튀었다 계속하겠지만, 매번 에너지 중 일부가 열과 소리로 바뀌기 때문에, 튀는 높이는 점점 낮아질 거예요.

우리 주위의 에너지

모든 에너지는 사실 같은 것이지만, 우리는 이해하기 편하게, 주위에서 에너지가 저장되고 쓰이는 방식을 다양하게 표현해요. 에너지가 어떻게 전달되면서 일을 하는지를 설명하기가 더 쉽도록요. 예를 들어, 배터리 속 화학 물질에 저장된 에너지는 전기를 통해 다른 물질로 전달될 수 있어요. 전구와 벨은 그 에너지를 빛, 열, 소리로 전달하고요.

운동 에너지
매머드나 축구공 같은 움직이는 물체에 저장된 에너지

빛
에너지를 우리 눈이 볼 수 있는 형태로 전달하는 방식 중 하나

소리
진동을 통해서 고체, 액체, 기체로 전달되는 에너지

열에너지
뜨거운 물체에 저장되어 열을 통해 다른 물질로 전달될 수 있는 에너지

탄성 에너지
용수철에 저장된 위치 에너지

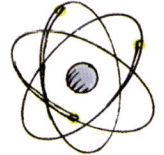

핵에너지
원자에 저장된 에너지

화학 에너지
화학 물질에 저장된 에너지

전기 에너지
전하를 움직여서 전달하는 에너지

열

물체가 얼마나 뜨거운지 차가운지는 그 물체의 입자들이 얼마나 빨리 움직이는지에 달려 있어요. 입자들이 더 빨리 움직일수록, 그 물체는 더 뜨거워요. 열은 물체의 온도를 올려서 입자를 더 빨리 움직이게 하는 에너지예요. 열은 한 곳에서 다른 곳으로 전달될 수 있고, 언제나 온도가 높은 곳에서 낮은 곳으로 전달돼요. 이 코끼리땃쥐가 알아차린 것처럼요.

열 전달

매머드가 쇠막대를 불꽃에 대자, 그 위에 있던 코끼리땃쥐는 뜨거워지는 것을 느껴요. 열은 전도를 통해 쇠막대를 따라 전달되지요. 고체인 막대에 든 입자들은 자유롭게 움직이지 못하지만, 더 진동을 심하게 일으켜서 서로 부딪치면서 에너지를 전달해요. 열을 전달하는 방식은 두 가지가 더 있어요. 뜨거운 물체는 복사선을 통해 열을 전달해요. 적외선이라는 보이지 않는 빛을 공기 속으로 보내는 거예요(96~97쪽 참조). 액체와 기체에서 열은 대류를 통해서도 전달돼요.

높은 에너지
쇠막대의 끝이 불꽃에 가열되면, 입자들이 더 빨리 진동해요.

에너지 획득
금속 입자들은 서로 부딪치면서, 에너지를 가장 뜨거운 곳에서 더 차가운 곳으로 전달해요.

발갛게 달아오른 곳
뜨거운 쇠막대는 적외선이라는 보이지 않는 빛을 뿜어내요. 가장 뜨거운 곳은 빨간색이나 노란색으로 빛나요.

열과 온도

물체의 온도는 얼마나 뜨거운지 차가운지를 말하는 거예요. 그런데 어떤 물체가 열에너지를 얼마나 지니는지는 질량에 따라 달라져요. 무거운 물체일수록 열에너지를 더 많이 갖고 있어요. 커다란 빙산은 김이 나는 녹차 한 잔보다 더 많은 열에너지를 지녀요. 빙산의 입자는 찻물의 입자보다 더 느리게 움직이지만, 빙산이 입자가 훨씬 더 많거든요.

크고 차가운 빙산

작고 뜨거운 녹차 한 잔

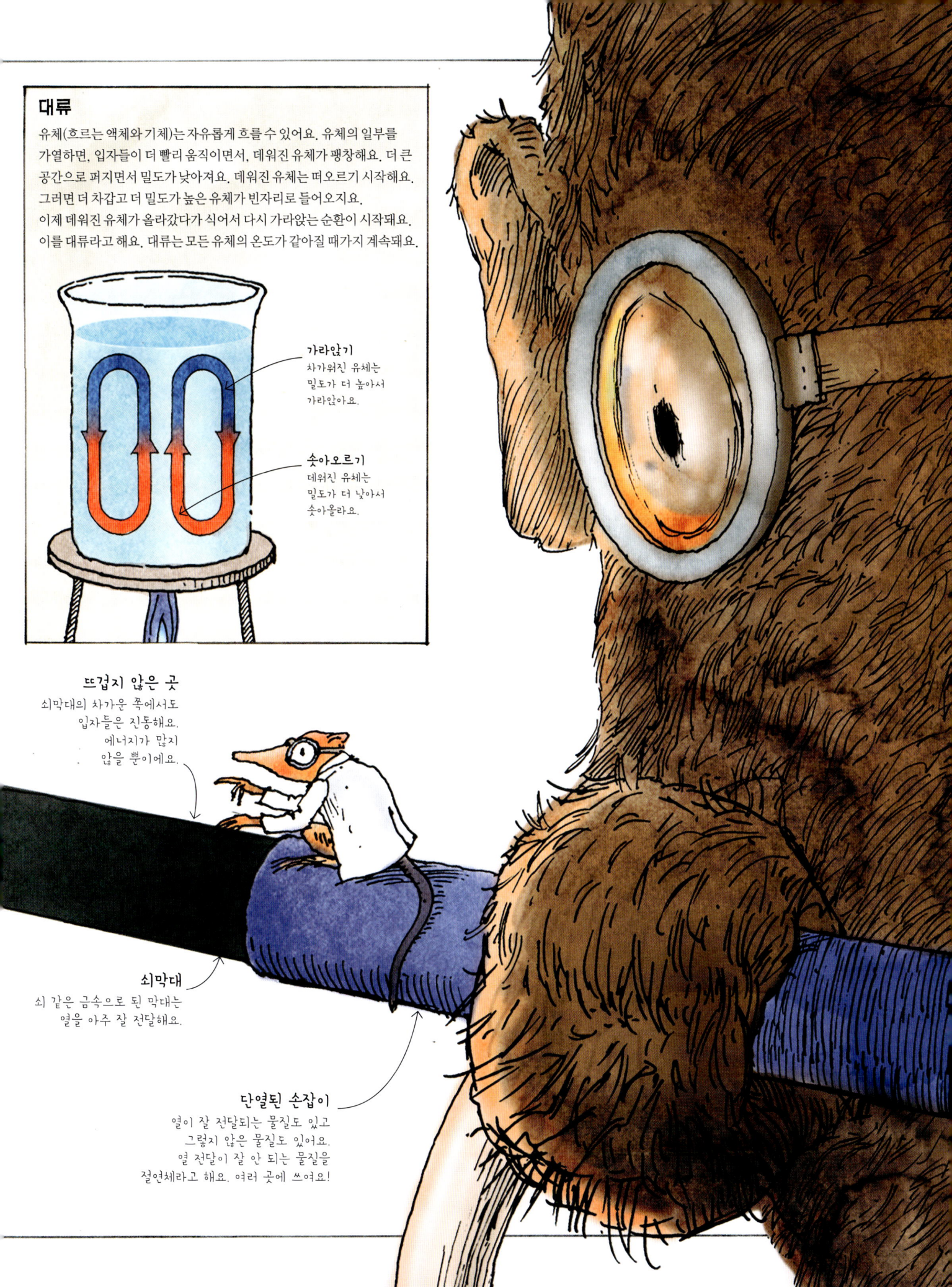

대류

유체(흐르는 액체와 기체)는 자유롭게 흐를 수 있어요. 유체의 일부를 가열하면, 입자들이 더 빨리 움직이면서, 데워진 유체가 팽창해요. 더 큰 공간으로 퍼지면서 밀도가 낮아져요. 데워진 유체는 떠오르기 시작해요. 그러면 더 차갑고 더 밀도가 높은 유체가 빈자리로 들어오지요. 이제 데워진 유체가 올라갔다가 식어서 다시 가라앉는 순환이 시작돼요. 이를 대류라고 해요. 대류는 모든 유체의 온도가 같아질 때까지 계속돼요.

가라앉기
차가워진 유체는 밀도가 더 높아서 가라앉아요.

솟아오르기
데워진 유체는 밀도가 더 낮아서 솟아올라요.

뜨겁지 않은 곳
쇠막대의 차가운 쪽에서도 입자들은 진동해요. 에너지가 많지 않을 뿐이에요.

쇠막대
쇠 같은 금속으로 된 막대는 열을 아주 잘 전달해요.

단열된 손잡이
열이 잘 전달되는 물질도 있고 그렇지 않은 물질도 있어요. 열 전달이 잘 안 되는 물질을 절연체라고 해요. 여러 곳에 쓰여요!

음파

속삭임에서 천둥소리에 이르기까지, 모든 소리는 빠르게 앞뒤로 진동하는 물체에서 생겨요. 기타 줄을 튕기면, 줄이 진동하면서 주변의 공기를 뒤흔들어요. 공기는 1초에 여러 번 눌렸다가 늘어났다가 해요. 눌리고 늘어난 공기는 그 옆의 공기를 뒤흔들지요. 그러면서 보이지 않는 공기의 물결이 연못에 생긴 물결처럼 사방으로 뻗어나가요.

매머드 음악

매머드 음악가가 코로 공기를 내뿜어요. 공기를 내뿜을 때 코의 피부가 진동해요. 그러면 코 주변의 공기도 진동하면서, 음파가 공기 속으로 퍼져나가요. 커다란 음파는 많은 에너지를 지니고 있으며, 큰 소리를 내요. 앞에 있던 땃쥐가 밀려서 쓰러질 만큼 크지요!

코 트럼펫
매머드의 진동하는 코는 낮게 부우웅 소리를 내요.

진동하는 코 주변의 공기가 진동해요.

찍찍 소리
코끼리땃쥐의 더 작고 더 높은 찍찍 소리는 더 작고 더 촘촘한 음파로 이루어져 있어요.

음파 보기

음파는 대개 물결치는 선으로 나타내요. 선의 모양을 보면 어떤 소리인지를 알 수 있어요. 시끄러운지 조용한지, 높은 찍찍 소리인지 낮은 부우웅 소리인지 알 수 있어요.

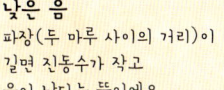

낮은 음
파장(두 마루 사이의 거리)이 길면 진동수가 작고 음이 낮다는 뜻이에요.

큰 소리
마루와 골 사이가 높이가 더 커질수록, 소리는 더 커져요.

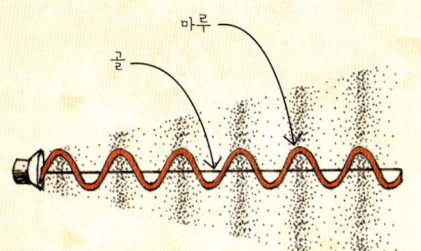

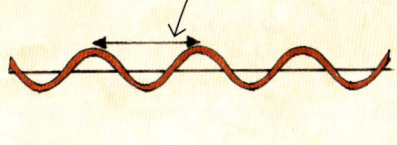

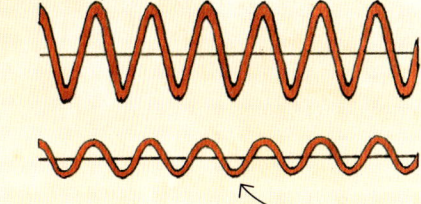

더 조용한 소리

음파
음파를 그릴 때, 마루는 공기가 눌린 지점을 가리켜요. 가장 낮은 지점인 골은 공기가 늘어난 지점을 뜻해요.

음높이
소리의 음높이는 파장과 진동수(1초에 지나가는 마루의 수)에 따라 달라져요. 높은 음은 파장이 짧고 진동수가 커요.

소리의 크기
음파의 높이를 진폭이라고 해요. 진폭이 클수록 소리는 더 커요. 이 두 음파는 진동수가 같지만, 진폭이 달라요.

더 눌린 지점
이곳의 공기 입자들은 눌려서 서로 더 가까이 있어요. 음파의 마루 부분이에요.

덜 눌린 지점
이곳의 공기 입자들은 더 흩어져 있어요. 음파의 골 부분이에요.

빛을 통과시키기

대부분의 고체는 불투명해요. 즉 모든 빛을 막아요. 그러나 빛을 통과시키는 물질도 있어요. 반투명한 물질은 일부 빛은 통과시키지만, 모든 방향으로 흩어 놓아요. 투명한 물질에서는 빛이 그대로 통과해요.

불투명
두꺼운 흰 종이에 가려져서 코끼리땃쥐가 보이지 않아요. 빛이 다 막혀요.

반투명
트레이싱 페이퍼 뒤의 코끼리땃쥐가 보이지만, 흐릿해요.

투명
유리판은 거의 모든 빛을 곧장 통과시켜요. 코끼리땃쥐가 잘 보여요.

빛

이 거대한 그림자는 털매머드처럼 보이지만, 사실 빛의 장난일 뿐이에요. 빛은 우리가 볼 수 있는 형태의 에너지예요. 빛은 직선으로만 움직이기 때문에, 모양을 지닌 물체 앞에서는 막혀서 그림자가 생겨요. 물체에 부딪쳐 나온 빛이 우리 눈에 들어올 때, 우리는 그 물체를 보게 되지요.

그림자 연극

코끼리땃쥐들이 뒤쪽 벽에 매머드 모양의 그림자를 드리우면서 그림자 연극을 해요. 그림자는 어둡지만, 완전히 까맣지는 않아요. 다른 물체들에 반사된 빛이 그림자에 조금 비치기 때문이에요.

자세 취하기
코끼리땃쥐 세 마리가 손전등에서 나오는 빛 중 일부를 막아요.

밝은 광선

반사

대부분의 물체는 빛을 반사해요. 우리는 물체에서 반사된 빛이 눈에 들어올 때, 그 물체를 봐요. 거울의 매끄럽고 반들거리는 표면은 특수한 방식으로 빛을 반사해서 거울상을 만들어요. 이 매머드는 거울들이 놓인 방에서 자신의 이상한 거울상들을 보고서 놀란 모습이에요.

모습이 이상해진 매머드

세 거울에는 크고 우람한 매머드의 모습이 비치고 있어요. 그런데 두 거울에 비친 모습은 왜 이상할까요? 평면거울에서는 매머드의 비친 모습이 완벽한 거울상이에요. 모든 광선들이 같은 방향으로 반사되기 때문이지요. 그러나 왼쪽과 오른쪽 거울은 휘어져 있어서, 매머드가 늘어나거나 눌린 모습으로 비쳐요.

거울은 어떻게 모습을 비출까?

거울이나 금속 같은 반들거리는 표면은 아주 규칙적인 방식으로 빛을 반사하기 때문에 거울상이 맺혀요. 이런 반사를 정반사 (거울 반사)라고 해요. 빛이 거친 표면에서 반사될 때는 여러 방향으로 흩어져요. 이때는 난반사라고 해요.

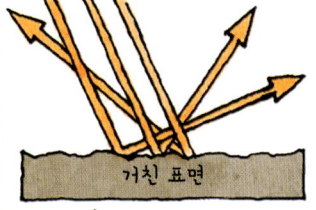

거친 표면   매끄러운 표면

빛 반사

광선들이 종이 같은 거친 표면에 닿으면, 여러 방향으로 반사돼요. 반면에 거울 같은 매끄럽고 반들거리는 표면에 닿으면, 광선들은 모두 같은 방향으로 반사되지요.

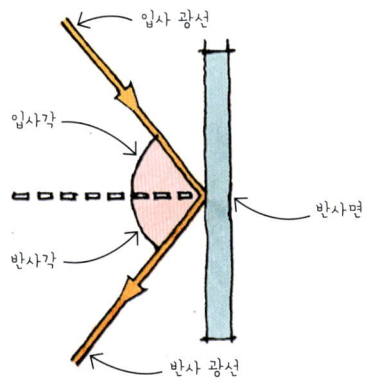

입사 광선 / 입사각 / 반사면 / 반사각 / 반사 광선

반사 법칙

거울은 언제나 규칙적으로 빛을 반사해요. 광선은 광선이 온 각도와 똑같은 각도로 반사돼요. 이를 반사 법칙이라고 해요.

오목 거울
거울이 안쪽으로 휘어진 부위에서는 매머드가 늘어나 보여요.

거울상

우리는 거울을 볼 때, 자신의 거울상을 봐요.
거울상은 거울 뒤편에 서 있는 듯이 보여요.
우리 눈에 들어오는 광선이 거울 뒤편에서
오는 것처럼 보이기 때문이에요.
거울에 있는 물체의 상은 허상이라고 해요.
언제나 거울과 물체 사이의 거리만큼
거울 뒤쪽으로 떨어져 있는 양 보여요.

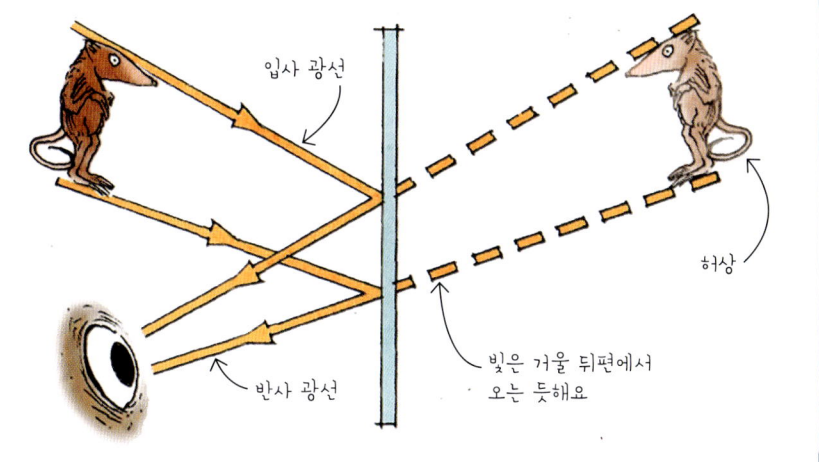

입사 광선
허상
반사 광선
빛은 거울 뒤편에서 오는 듯해요

볼록 거울
거울이 볼록하게 튀어나온 부위에서는 매머드가 눌려 보여요.

구부러진 부위
거울의 이 부위는 오목해서, 매머드의 몸이 길게 늘어나 보여요.

나아가는 빛
코끼리땃쥐의 눈에 매머드의 코가 보이는 것은 코에서 반사된 빛줄기 중 일부가 땃쥐의 눈으로 들어오기 때문이에요.

구부러지는 빛
빛은 물에서 공기로 넘어올 때 휘어져요.

코의 겉보기 위치

일그러짐
빛의 굴절 때문에 코가 다른 위치에 있는 양 보여요.

코의 실제 위치

뒤틀린 코
이 매머드의 코는 곧지만, 코끼리땃쥐에게는 구부러져 보여요. 빛이 물에서 공기로 나올 때 굴절되기 때문이지요. 땃쥐의 뇌는 빛이 직선으로 나아간다고 해석해요. 그래서 코가 실제보다 수면에 훨씬 더 가까이 있다고 보지요.

빛의 속도(광속)
빛은 공기에서보다 물에서 더 느리게 나아가요. 그래서 물에서 공기로 넘어오면, 속도가 빨라지면서 나아가는 방향이 조금 바뀌어요. 그러면 휘어지지요. 빛이 한 물질에서 다른 물질로 넘어갈 때 얼마나 휘어질지는 두 물질에서의 속도가 얼마나 다른지에 달려 있어요.

공기에서의 빛줄기 — 광속이 변함 — 공기
물에서의 빛줄기 — 물

굴절

빛은 대개 직선으로 나아가지만, 때로 휘어질 수 있어요. 빛이 휘어지는 것을 굴절이라고 해요. 굴절은 빛이 한 물질에서 다른 물질로 들어갈 때 속도가 달라지면 생겨요. 빛은 공기 속을 빠르게 나아가지만, 물이나 유리를 지날 때는 조금 느려져요. 그때 굴절이 일어나지요. 굴절은 시야를 왜곡시켜서 착시를 일으킬 수 있지만, 유용할 때도 있어요.

빛의 속임수

빛이 휘어질 때면, 우리 뇌는 눈에 보이는 물체가 다른 곳에 있다고 착각할 수 있어요. 물컵에 연필을 넣으면, 구부러져 보일 거예요. 렌즈는 빛의 이 속임수를 이용하기 위해서 특별한 모양으로 만든 유리나 투명한 플라스틱이에요.

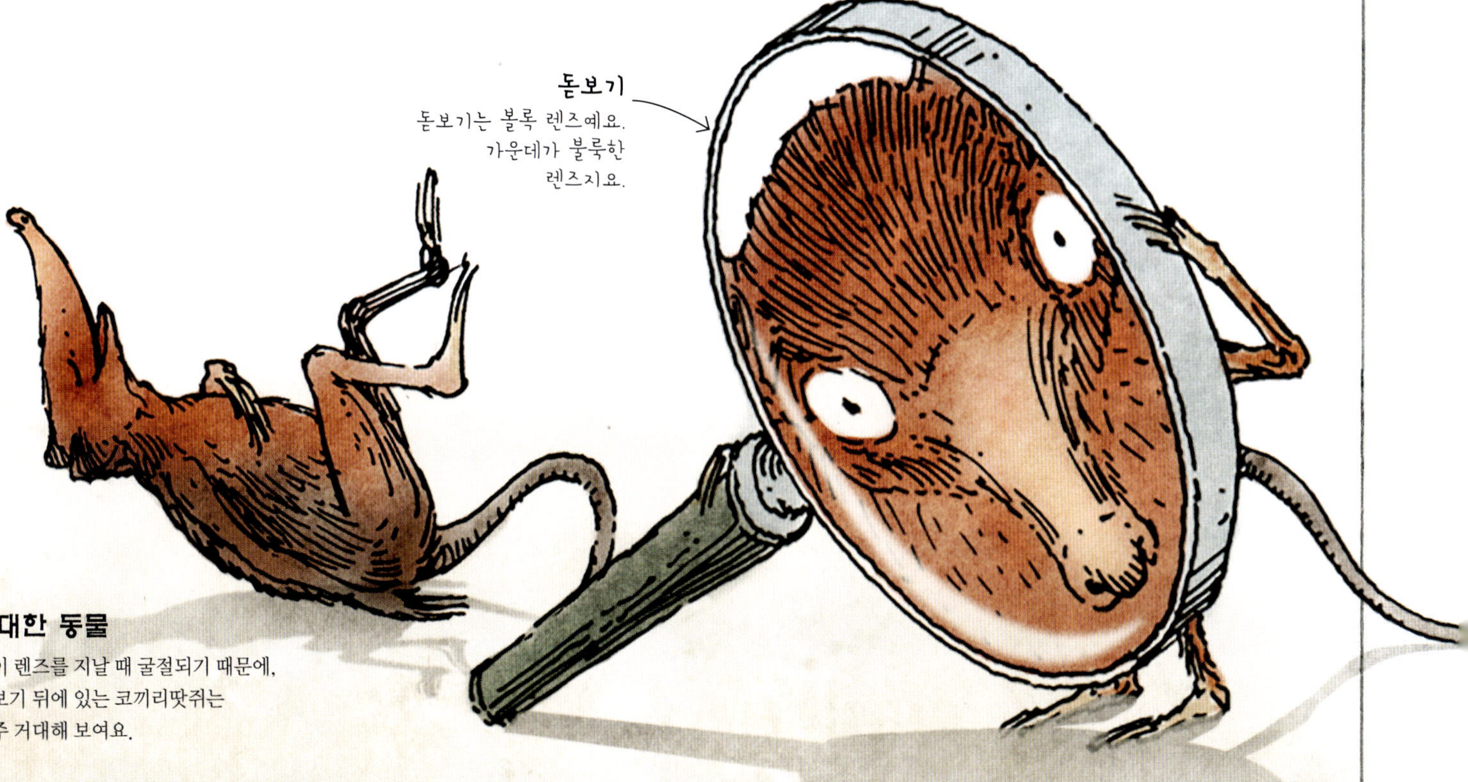

돋보기
돋보기는 볼록 렌즈예요. 가운데가 불룩한 렌즈지요.

거대한 동물
빛이 렌즈를 지날 때 굴절되기 때문에, 돋보기 뒤에 있는 코끼리땃쥐는 아주 거대해 보여요.

볼록 렌즈

물체에서 온 빛줄기는 볼록 렌즈를 통과할 때면, 안쪽으로 휘어져요. 렌즈 반대편에서 빛줄기들이 서로 모이고(수렴), 물체는 실제보다 훨씬 더 커보여요.

겉보기 빛
뇌는 빛줄기가 직선으로 나아간다고 해석해요.

빛줄기가 안쪽으로 휘어져요.

실상
(실제 물체)

허상
렌즈를 통해 보이는 상을 허상이라고 해요.

실제 빛
물체에 반사되어 렌즈로 오는 빛줄기

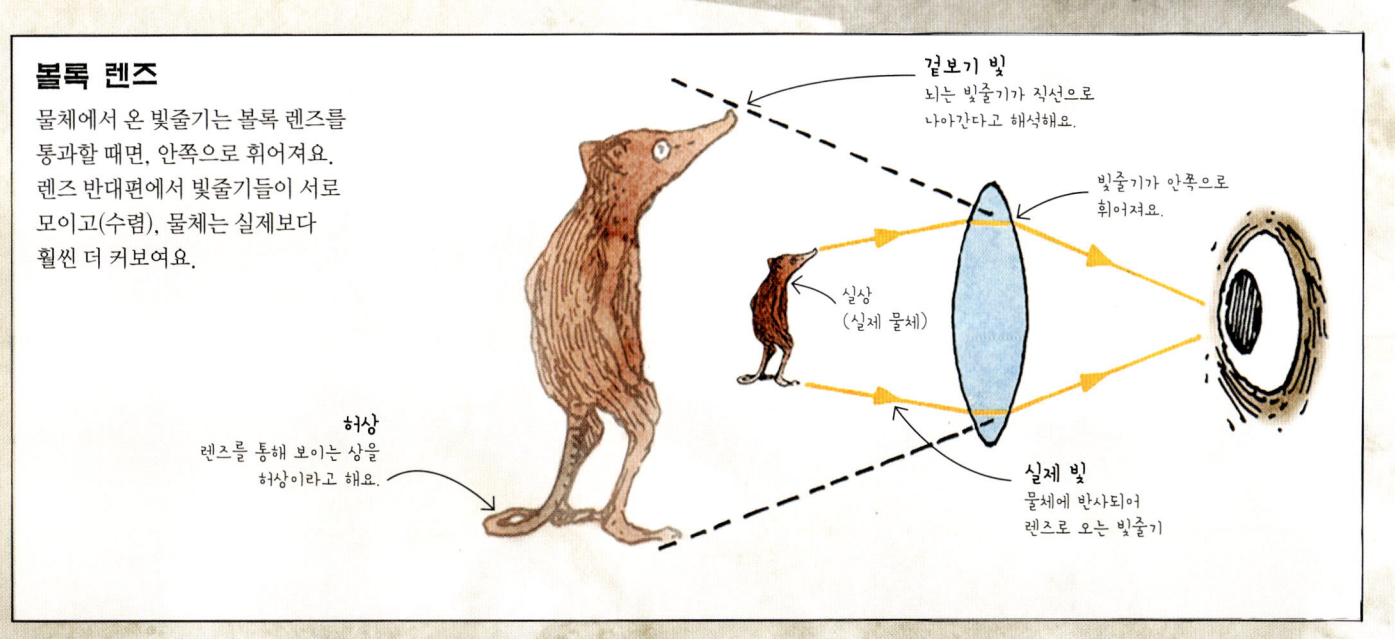

백색광

이 문틈으로 새어든 햇빛은 흰색으로 보이지만, 사실은 여러 색깔의 빛이 합쳐진 것이에요. 백색광을 유리 프리즘에 통과시키면, 색깔들이 나뉘면서 무지개무늬가 생겨요. 이 무늬를 가시 스펙트럼이라고 해요. 이 스펙트럼에는 무한히 많은 색깔이 들어 있지만, 우리 눈은 일곱 가지 색깔만 알아볼 수 있어요. 빨간색, 주황색, 노란색, 초록색, 파란색, 남색, 보라색이에요.

무지개 만들기

백색광이 유리 프리즘을 통과하면, 빛이 회절해요 (휘어진다, 90쪽 참조). 공기에서 유리로 들어갔다가 다시 공기로 나오면서 휘어져요. 색깔이 다른 빛은 휘어지는 정도가 다르기 때문에, 빛은 색깔별로 나뉘어요. 빗방울도 프리즘처럼 작용할 수 있어요. 햇빛이 물방울을 통과할 때, 빛이 분리되면서 무지개가 생겨요.

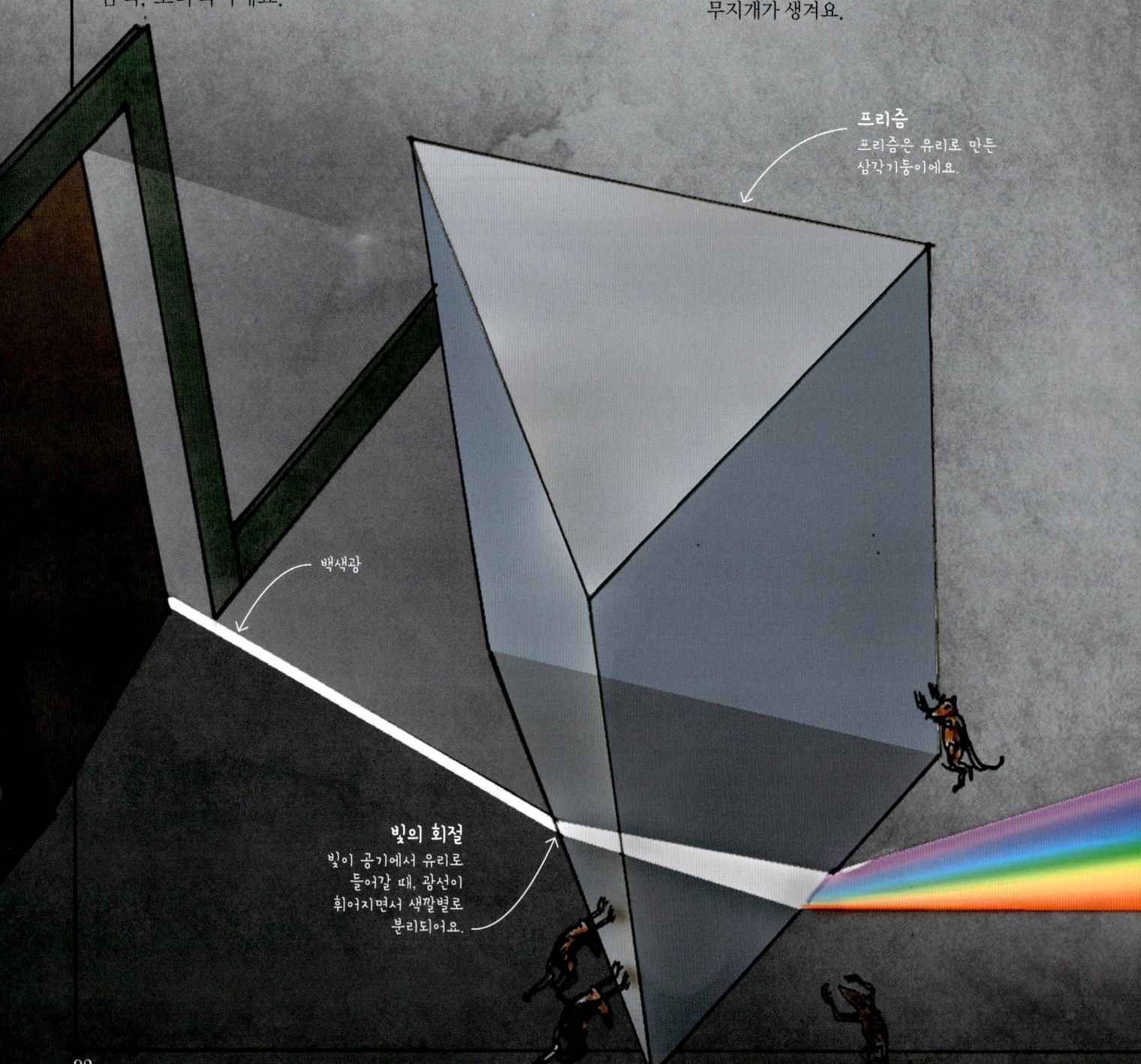

프리즘
프리즘은 유리로 만든 삼각기둥이에요.

백색광

빛의 회절
빛이 공기에서 유리로 들어갈 때, 광선이 휘어지면서 색깔별로 분리되어요.

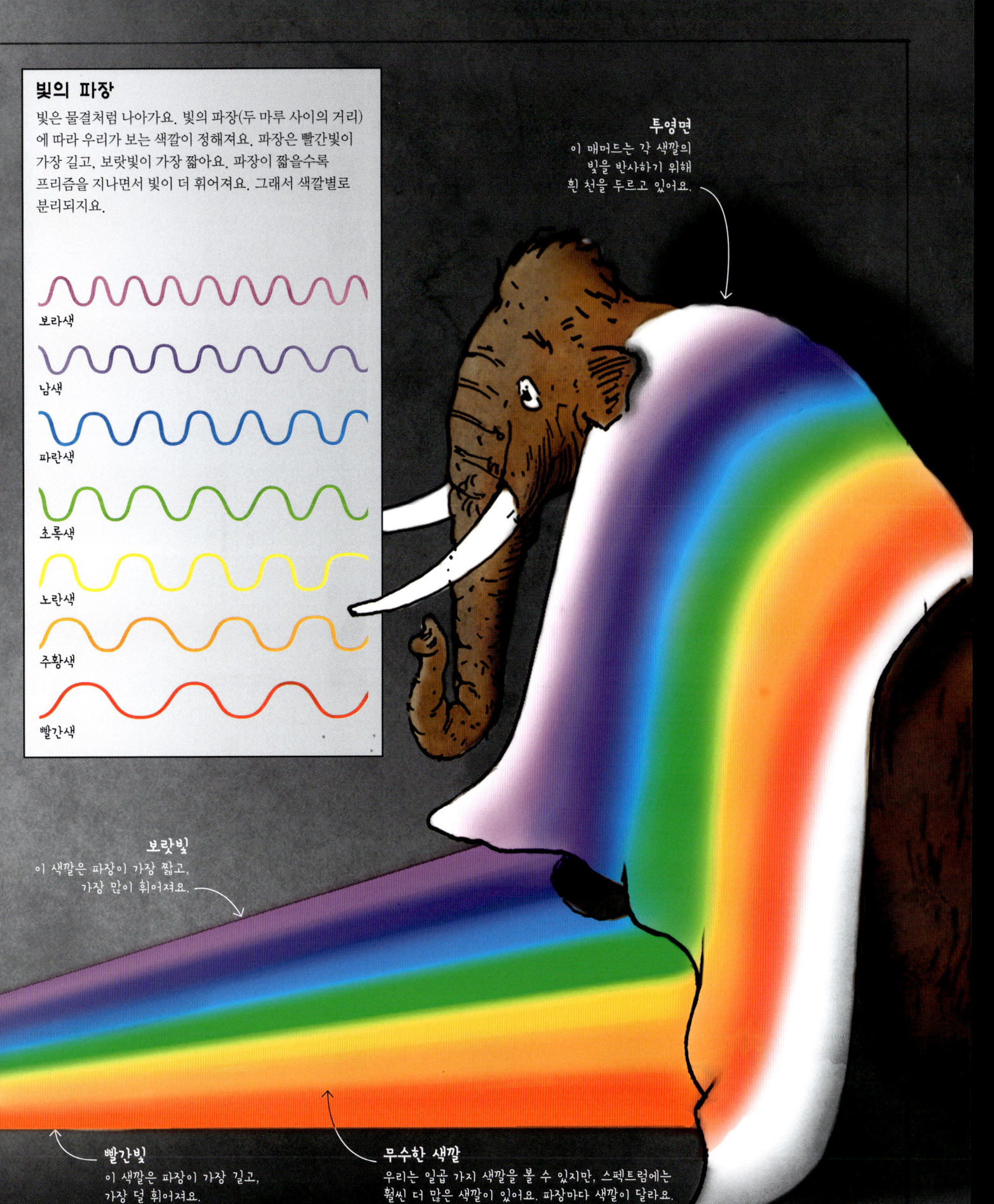

색깔

세상은 색깔로 가득해요. 매머드의 멋진 갈색 털에서 반질거리는 초록색 수박에 이르기까지, 세상의 모든 것들은 빛을 반사하는 방식 때문에 색깔을 띠는 거예요. 표면에 있는 색소들이 어떤 색깔의 빛을 흡수하고 반사하느냐에 따라서 보이는 색깔이 달라져요.

햇빛
햇빛은 흰색으로 보이지만, 실제로는 무지개 색깔의 모든 빛이 다 모인 거예요.

맛있는 수박

매머드는 수박을 볼 수 있어요. 수박이 빛을 반사하고, 그 빛이 매머드의 눈으로 들어오기 때문이지요. 수박에 닿는 빛에는 무지개 색깔이 다 들어 있어요. 수박 표면에 있는 색소는 녹색만 빼고 다른 색깔의 빛은 흡수해요. 초록빛만 반사되지요.

초록빛
반사된 초록빛만 매머드의 눈으로 들어오기 때문에, 수박이 초록색으로 보여요.

흡수
수박 표면의 색소는 초록빛을 빼고 다른 색깔의 빛은 다 흡수해요.

섞인 색깔
어떤 색소는 여러 색깔의 빛을 섞어서 반사해요. 분홍색 물체는 빨간빛을 많이 반사하고 다른 색깔들의 빛은 조금 반사하지요.

검은색과 흰색

백색광이 비칠 때 모든 색깔의 빛을 반사하는 표면은 하얗게 보여요. 모든 색깔의 빛을 흡수하는 표면은 검게 보이고요. 모든 색깔의 빛을 조금씩만 반사하는 표면은 회색으로 보여요. 하얀 빛 아래 회색을 띠지요.

모든 색깔 반사
하얀 물체

모든 색깔 흡수
검은 물체

다양한 빛

물체는 빛의 색깔에 따라서 전혀 다르게 보일 수도 있어요. 백색광일 때 붉은 표면은 붉은빛만 반사하고, 초록 표면은 초록빛만 반사해요. 그러나 적색광에서는 붉은빛만 나오기 때문에, 그 빛에 초록 물체는 검게 보여요. 붉은빛은 흡수하는데, 반사할 초록빛이 없으니까요.

붉은빛 흡수
초록빛 반사
모든 색깔 반사
붉은빛 반사

전자기 복사

우리가 주위에서 보는 빛은 전자기 복사라는 에너지를 지닌 파장의 일종이에요. 빛은 색깔마다 파장이 달라요. 빨간빛이 가장 길고, 보랏빛이 가장 짧아요. 우리가 볼 수 없는 종류의 전자기 복사도 있어요. 가시광선보다 파장이 더 짧거나 더 긴 빛들이에요.

적외선 영상

적외선은 가시광선보다 파장이 더 긴 전자기 복사예요. 모든 물체는 적외선을 뿜어내요. 우리는 적외선을 눈으로 보지 못하지만, 열로 느낄 수 있어요. 이 열화상 카메라는 열을 감지해서 적외선 파장을 화면에 색깔로 보여 줘요. 피가 따뜻한 매머드는 빨갛게 보이고, 차가운 아이스크림은 검게 보여요.

전자기 스펙트럼

전자기파(전자기 복사)들은 전자기 스펙트럼에 속해 있어요. 전자기파는 모두 광속으로 나아가지만, 파장(두 마루 사이의 거리)에 따라서 성질도 달라요. 파장이 짧을수록, 전달하는 에너지가 더 커요.

뜨거운 몸, 차가운 간식
매머드의 몸은 적외선을 많이 뿜어내요. 차가운 아이스크림은 적외선을 거의 뿜어내지 않아요.

낮은 에너지
파장이 긴 전자기파는 에너지를 적게 전달해요.

전파

전자기파 중 파장이 가장 긴 것은 전파예요. 에너지를 가장 적게 전달하지요. 라디오와 텔레비전의 신호는 전파를 써요. 위성 항법 시스템도 전파를 써요.

마이크로파

가장 파장이 짧은 전파는 마이크로파예요. 전자레인지는 강력한 마이크로파로 음식 분자들을 아주 빠르게 뒤흔들어요. 그러면 열이 나서 음식이 익어요.

적외선

모든 물체의 원자는 끊임없이 진동해요. 이 운동으로 적외선 복사가 생겨요. 물체가 뜨거울수록 원자가 더 빨리 진동해요. 그러면 적외선 복사가 더 많이 생겨요.

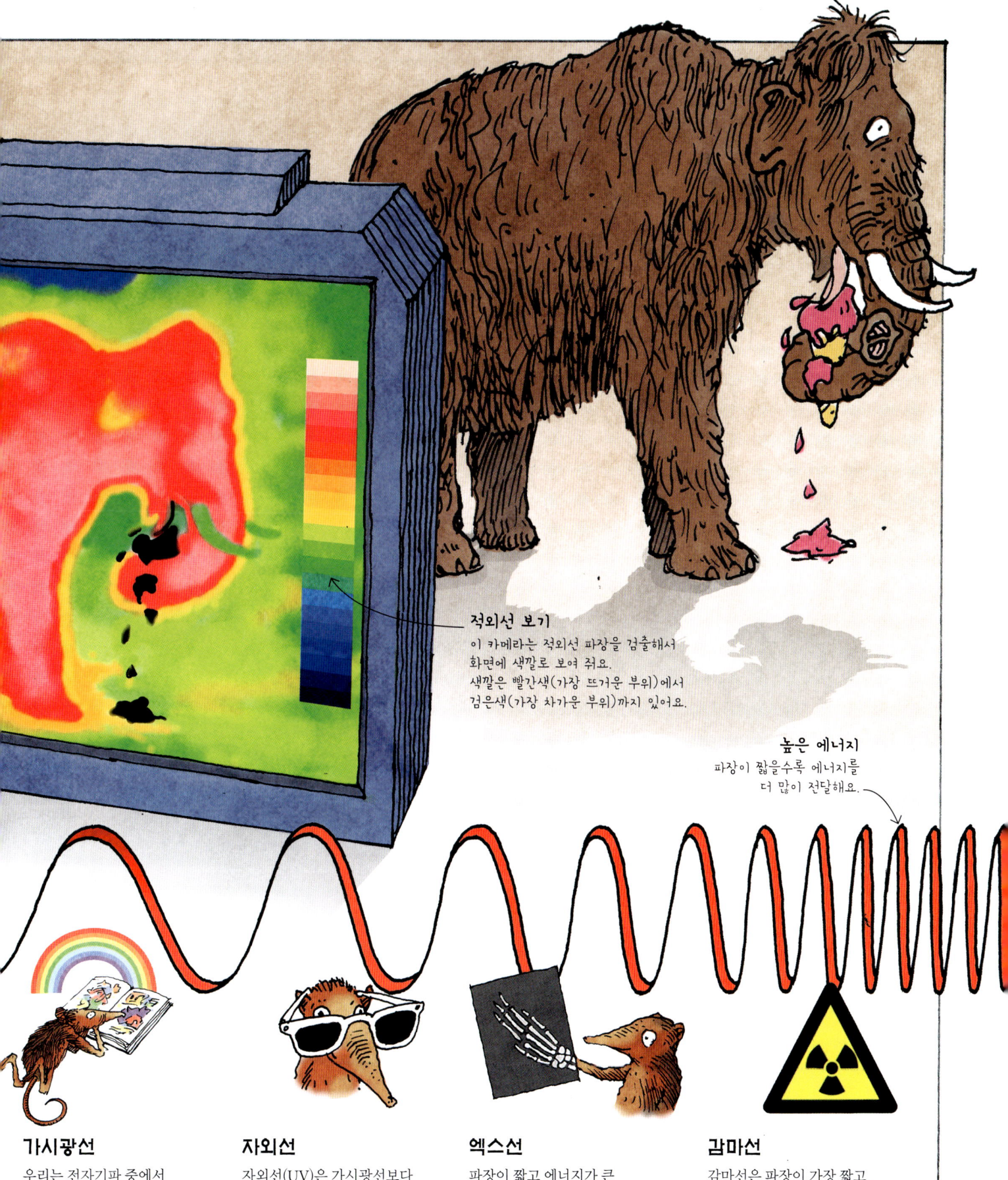

적외선 보기
이 카메라는 적외선 파장을 검출해서 화면에 색깔로 보여 줘요. 색깔은 빨간색(가장 뜨거운 부위)에서 검은색(가장 차가운 부위)까지 있어요.

높은 에너지
파장이 짧을수록 에너지를 더 많이 전달해요.

가시광선
우리는 전자기파 중에서 가시광선만 볼 수 있어요. 빨간빛이 파장이 가장 길고, 보랏빛이 가장 짧아요.

자외선
자외선(UV)은 가시광선보다 파장이 조금 짧은 빛이에요. 태양의 자외선은 우리의 눈과 피부에 안 좋아요.

엑스선
파장이 짧고 에너지가 큰 이 광선은 우리 몸속 사진을 찍는 데 쓰여요. 부드러운 조직은 통과하지만 뼈에는 흡수돼요.

감마선
감마선은 파장이 가장 짧고, 전달하는 에너지가 가장 많아요. 방사성 물질과 우주에서 거대한 별이 폭발할 때 나와요.

정전기

전자는 원자에 들어 있는 음전하를 띤 작은 입자예요. 전자는 여기저기 돌아다닐 수 있고, 한 물체에서 다른 물체로 옮겨갈 수도 있어요. 전자들이 한 곳에 많이 몰리면, 그 물체는 '정전하'를 띨 수 있어요. 정지해 있는 전하라는 뜻이에요.

반대 전하끼리는 끌려요

양전하와 음전하는 서로 끌리지만, 같은 전하끼리는 서로 밀어내요. 풍선의 음전하는 벽에 있는 음전하를 밀어내서 벽 표면에는 양전하만 남아요. 음전하와 양전하는 서로 끌리기 때문에 풍선은 벽에 달라붙어요.

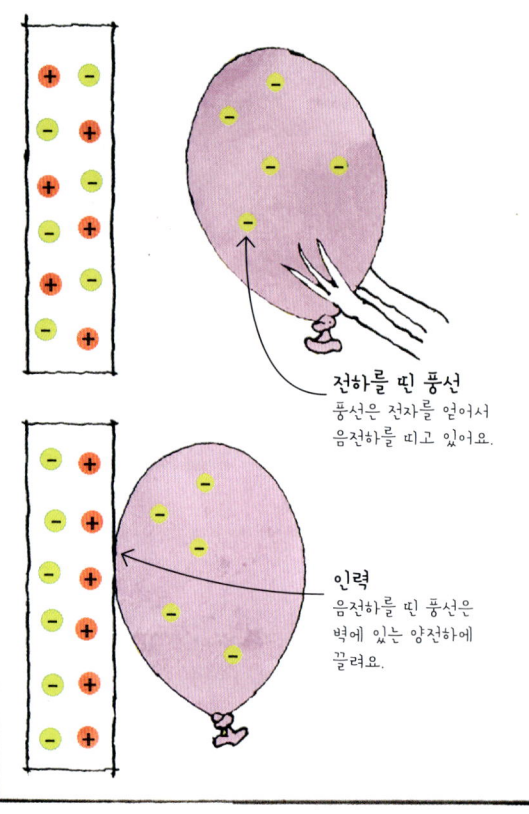

전하를 띤 풍선
풍선은 전자를 얻어서 음전하를 띠고 있어요.

인력
음전하를 띤 풍선은 벽에 있는 양전하에 끌려요.

재미있는 놀이

코끼리땃쥐가 축제장에서 과학을 이용한 재미있는 놀이를 만들었어요. 매머드의 뻣뻣한 털에 풍선을 문지르면, 털에 있던 전자가 풍선으로 옮겨 와요. 그러면 풍선이 음전하를 띠어서 마법처럼 벽에 달라붙어요. 풍선 다트 놀이를 하기 좋지요!

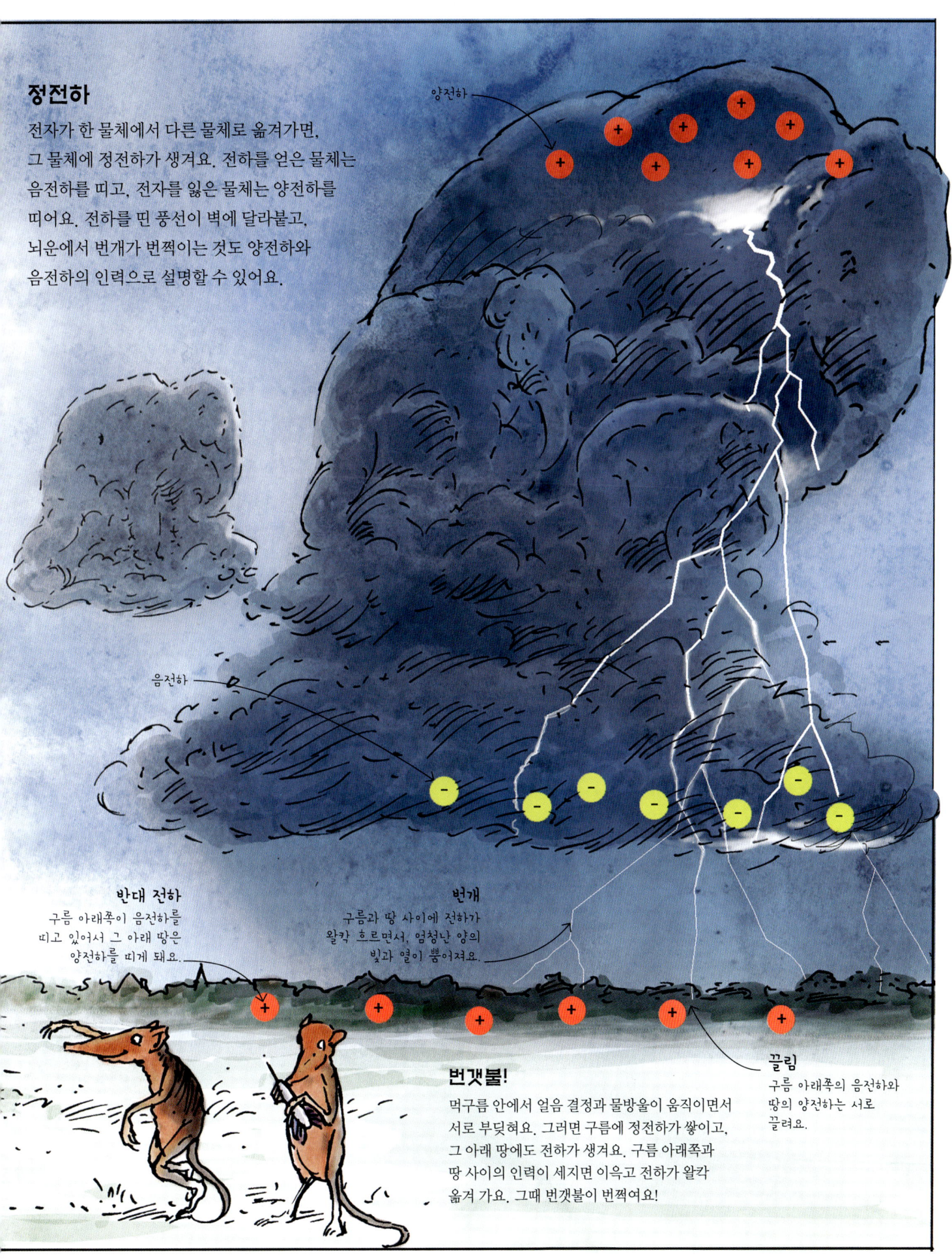

정전하

전자가 한 물체에서 다른 물체로 옮겨가면, 그 물체에 정전하가 생겨요. 전하를 얻은 물체는 음전하를 띠고, 전자를 잃은 물체는 양전하를 띠어요. 전하를 띤 풍선이 벽에 달라붙고, 뇌운에서 번개가 번쩍이는 것도 양전하와 음전하의 인력으로 설명할 수 있어요.

양전하

음전하

반대 전하
구름 아래쪽이 음전하를 띠고 있어서 그 아래 땅은 양전하를 띠게 돼요.

번개
구름과 땅 사이에 전하가 왈칵 흐르면서, 엄청난 양의 빛과 열이 뿜어져요.

끌림
구름 아래쪽의 음전하와 땅의 양전하는 서로 끌려요.

번갯불!
먹구름 안에서 얼음 결정과 물방울이 움직이면서 서로 부딪혀요. 그러면 구름에 정전하가 쌓이고, 그 아래 땅에도 전하가 생겨요. 구름 아래쪽과 땅 사이의 인력이 세지면 이윽고 전하가 왈칵 옮겨 가요. 그때 번갯불이 번쩍여요!

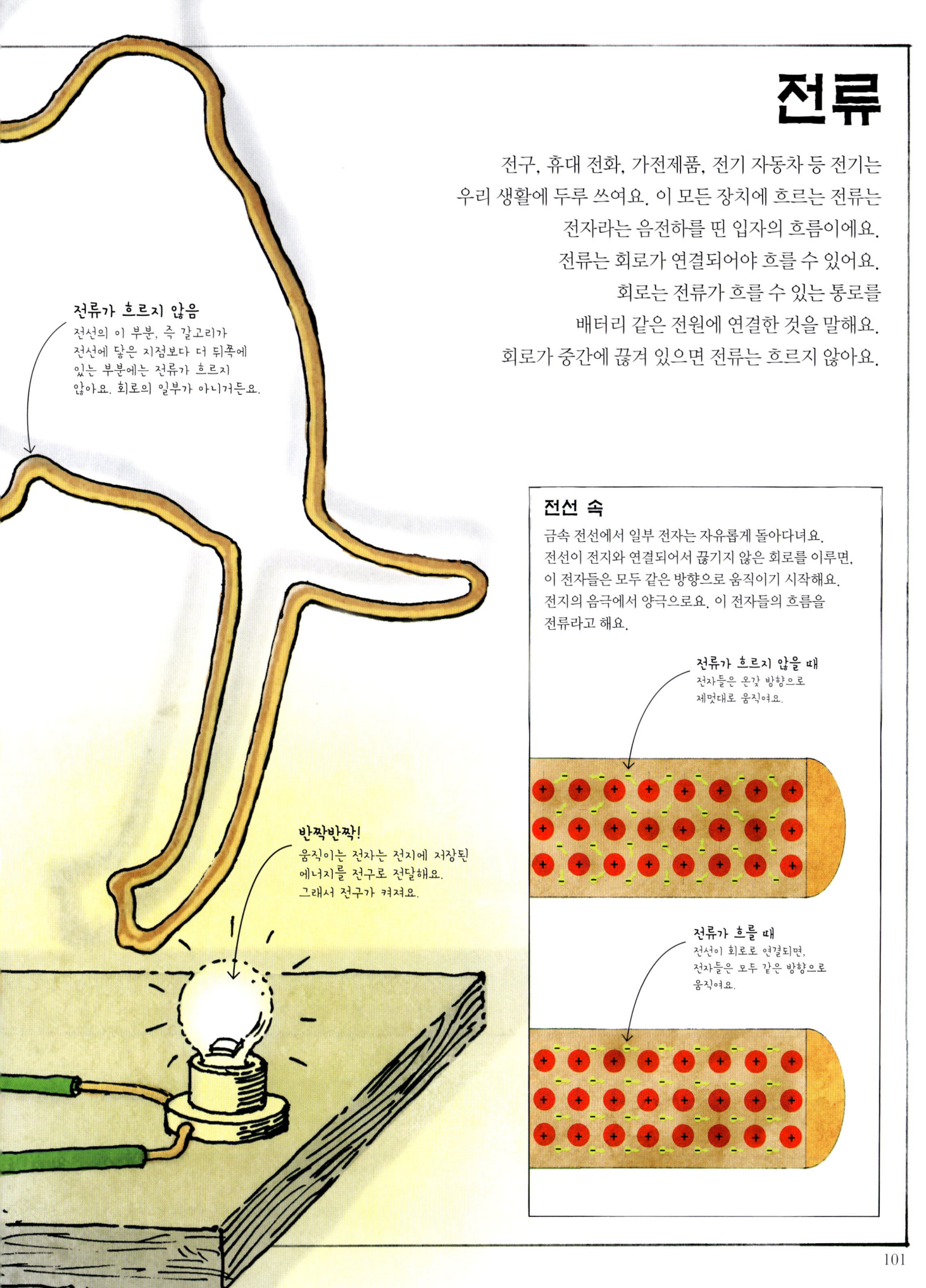

전류

전구, 휴대 전화, 가전제품, 전기 자동차 등 전기는 우리 생활에 두루 쓰여요. 이 모든 장치에 흐르는 전류는 전자라는 음전하를 띤 입자의 흐름이에요. 전류는 회로가 연결되어야 흐를 수 있어요. 회로는 전류가 흐를 수 있는 통로를 배터리 같은 전원에 연결한 것을 말해요. 회로가 중간에 끊겨 있으면 전류는 흐르지 않아요.

전류가 흐르지 않음
전선의 이 부분, 즉 갈고리가 전선에 닿은 지점보다 더 뒤쪽에 있는 부분에는 전류가 흐르지 않아요. 회로의 일부가 아니거든요.

반짝반짝!
움직이는 전자는 전지에 저장된 에너지를 전구로 전달해요. 그래서 전구가 켜져요.

전선 속

금속 전선에서 일부 전자는 자유롭게 돌아다녀요. 전선이 전지와 연결되어서 끊기지 않은 회로를 이루면, 이 전자들은 모두 같은 방향으로 움직이기 시작해요. 전지의 음극에서 양극으로요. 이 전자들의 흐름을 전류라고 해요.

전류가 흐르지 않을 때
전자들은 온갖 방향으로 제멋대로 움직여요.

전류가 흐를 때
전선이 회로로 연결되면, 전자들은 모두 같은 방향으로 움직여요.

자기

이 거대한 매머드는 열심히 힘을 쓰지만, 두 거대한 말굽자석 사이의 인력을 이길 수 없어요. 자기는 물체를 당기거나 밀어낼 수 있는 보이지 않는 힘이에요. 서로 닿지 않는 채로 작용하지요.

작용하는 힘

말굽자석은 U자로 굽어 있지만, 다른 모든 자석처럼 두 자극을 지녀요. N극은 대개 빨간색, S극은 파란색으로 표시해요. 자석끼리는 두 자극이 어떻게 놓여 있느냐에 따라서 서로 밀어내거나 잡아당겨요.

반대 자극끼리는 끌려요.
두 자석을 반대 자극끼리 마주 보게 하면 서로 당겨서 달라붙어요.

N극 　 S극

자성 물질

자석에 끌리는 물질을 자성 물질이라고 해요. 철, 니켈, 코발트 같은 금속이 그렇지요. 이런 물질은 자기장 안에 놓으면, 일시적으로 N극과 S극을 띠면서 자석이 돼요.

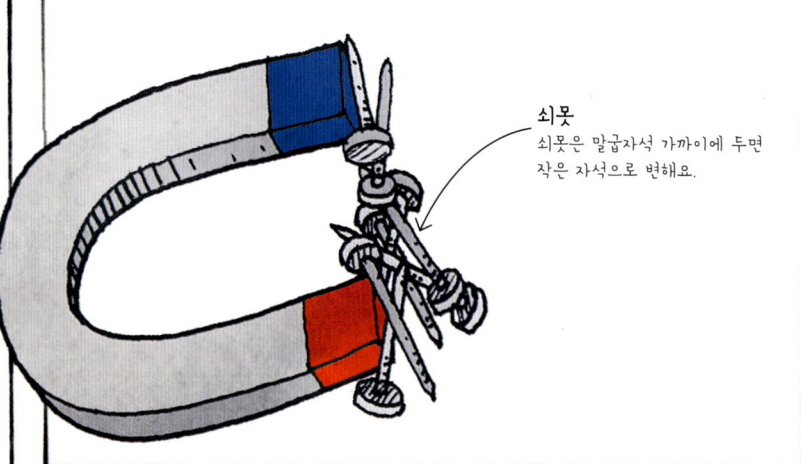

쇠못
쇠못은 말굽자석 가까이에 두면 작은 자석으로 변해요.

보이지 않는 장벽

이 매머드들은 두 자석을 서로 붙이려고 끌어당기고 있어요. 그런데 N극은 N극과 S극은 S극과 마주 보고 있어서, 두 자석은 서로 밀어내요. 보이지 않는 자기력이 밀어내기 때문에, 두 자석은 맞닿지 않으려 해요.

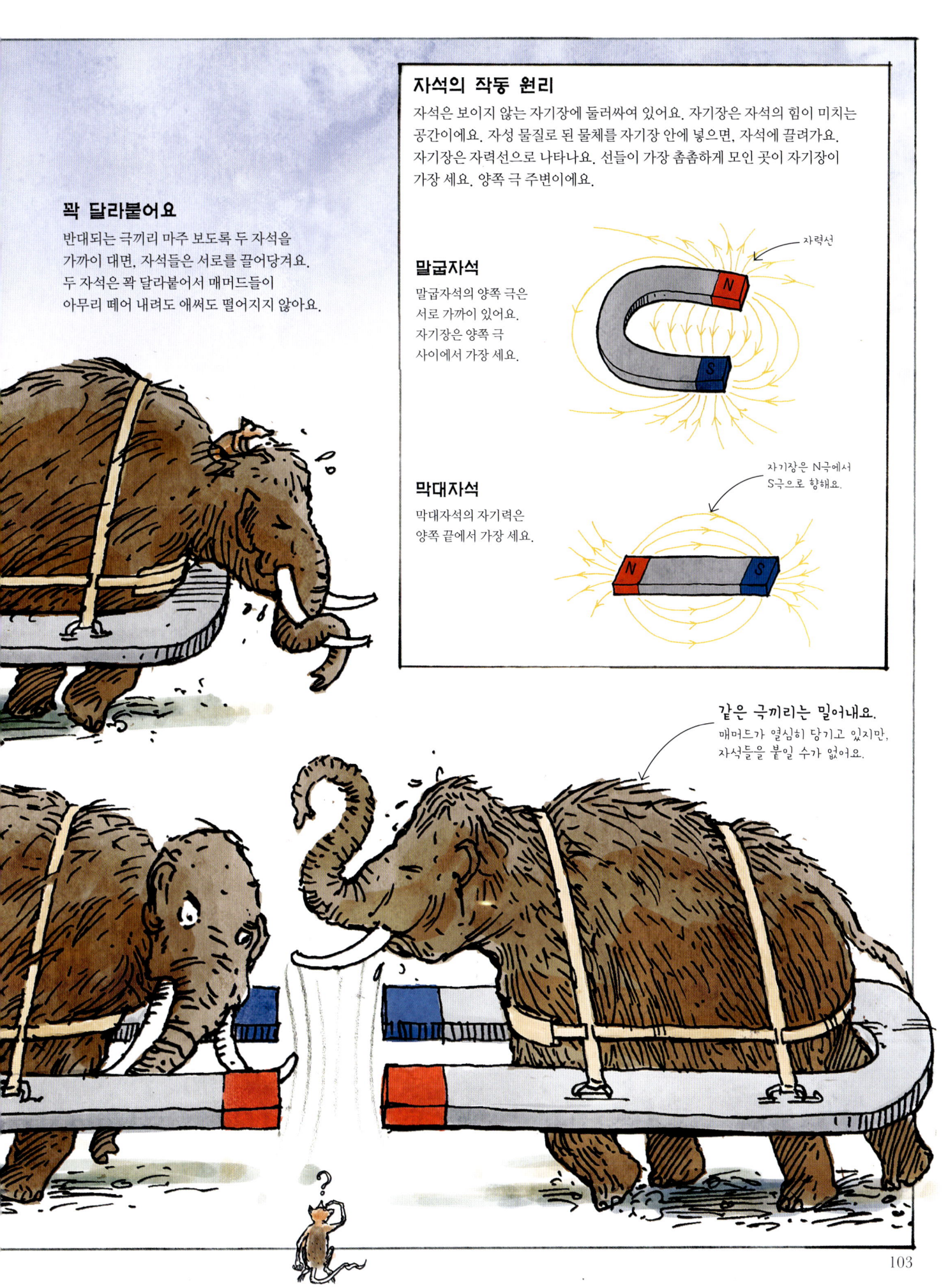

자석의 작동 원리

자석은 보이지 않는 자기장에 둘러싸여 있어요. 자기장은 자석의 힘이 미치는 공간이에요. 자성 물질로 된 물체를 자기장 안에 넣으면, 자석에 끌려가요. 자기장은 자력선으로 나타나요. 선들이 가장 촘촘하게 모인 곳이 자기장이 가장 세요. 양쪽 극 주변이에요.

말굽자석
말굽자석의 양쪽 극은 서로 가까이 있어요. 자기장은 양쪽 극 사이에서 가장 세요.

→ 자력선

막대자석
막대자석의 자기력은 양쪽 끝에서 가장 세요.

→ 자기장은 N극에서 S극으로 향해요.

꽉 달라붙어요
반대되는 극끼리 마주 보도록 두 자석을 가까이 대면, 자석들은 서로를 끌어당겨요. 두 자석은 꽉 달라붙어서 매머드들이 아무리 떼어 내려도 애써도 떨어지지 않아요.

같은 극끼리는 밀어내요.
매머드가 열심히 당기고 있지만, 자석들을 붙일 수가 없어요.

103

힘

줄다리기

둘 이상의 힘이 가해질 때에는 힘들이 합쳐져서 하나의 힘처럼 작용해요. 두 힘의 크기가 똑같고 서로 반대 방향으로 작용하면, 균형이 이루어져서 아무 일도 일어나지 않아요. 줄다리를 하는 두 매머드는 서로 세게 잡아당기고 있지만, 전체 힘은 0이에요. 누가 힘을 보태지 않는 한, 한 발짝도 움직이지 못할 거예요.

교착 상태

두 매머드가 같은 힘으로 서로 반대 방향으로 당기고 있어요. 그러면 서로 힘이 소멸되어서 꼼짝도 하지 않아요.

힘의 균형

두 매머드는 1,000N의 힘으로 잡아당기고 있어요. 그래서 전체 힘은 0N이에요.

힘이란 무엇일까?

힘은 밀거나 당기는 능력이에요. 힘 자체는 눈에 안 보이지만, 힘이 하는 일은 볼 수 있어요. 힘은 움직이는 물체의 속도나 방향을 바꾸거나, 멈출 수도 있어요. 물체를 짓누르거나 잡아당겨서 모양을 바꿀 수도 있고요. 이 매머드들은 근육을 써서 서로를 당기는 힘을 가하고 있어요.

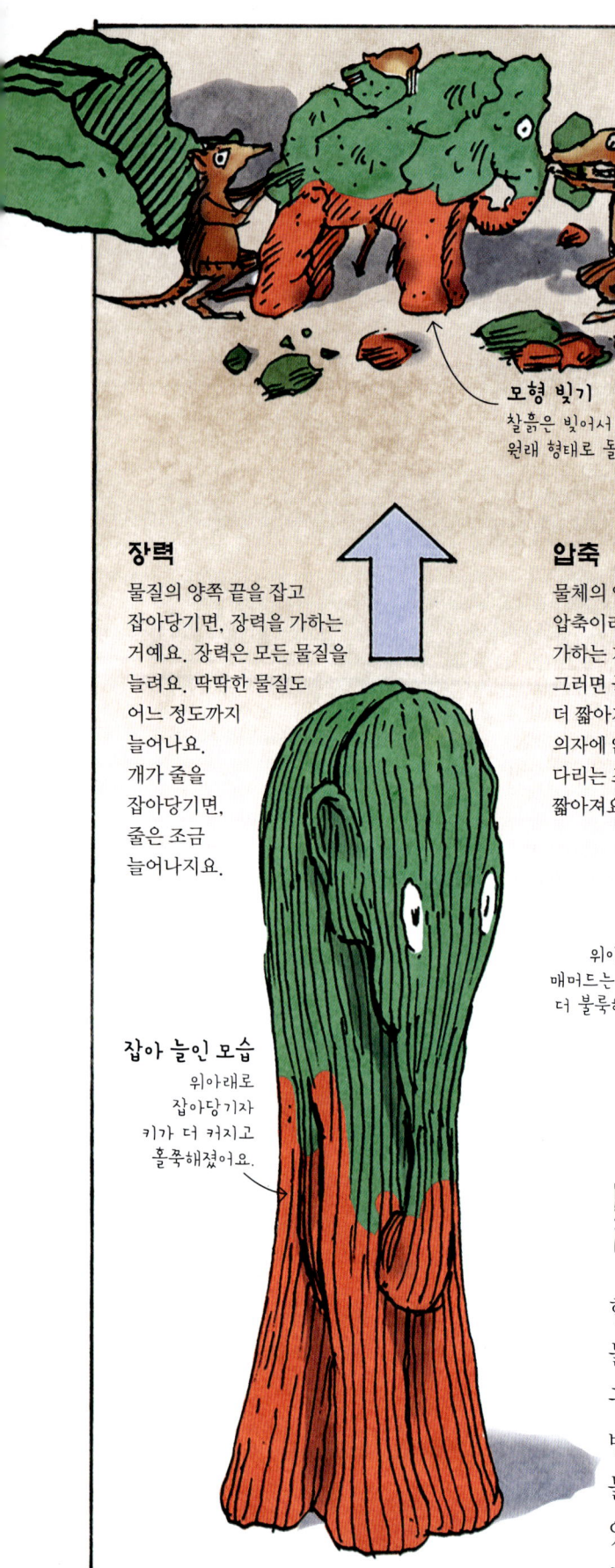

으깨진 매머드

코끼리땃쥐가 찰흙으로 매머드 모형을 만들고 있어요. 모양을 만들려면 찰흙에 변형력을 가해야 해요. 완벽한 매머드 모형을 만들려면, 찰흙을 누르고 당기고 비틀고 구부려야 해요. 모형을 만들고 나면, 같은 변형력을 써서 모양을 마음대로 바꿀 수도 있어요.

모형 빚기
찰흙은 빚어서 모형을 만들면, 원래 형태로 돌아가지 않아요.

장력

물질의 양쪽 끝을 잡고 잡아당기면, 장력을 가하는 거예요. 장력은 모든 물질을 늘려요. 딱딱한 물질도 어느 정도까지 늘어나요. 개가 줄을 잡아당기면, 줄은 조금 늘어나지요.

압축

물체의 양쪽 끝을 누르면 압축이라는 변형력을 가하는 거예요. 그러면 물체가 눌려서 더 짧아져요. 우리가 의자에 앉으면, 의자 다리는 조금 짧아져요.

짓눌린 모습
위아래에서 눌렀더니 매머드는 짓눌리고 옆으로 더 불룩해진 모습이 돼요.

잡아 늘인 모습
위아래로 잡아당기자 키가 더 커지고 홀쭉해졌어요.

변형력

힘은 물체를 움직일 수 있고, 물체의 모양을 바꿀 수도 있어요. 둘 이상의 힘이 한 물체에 작용할 때, 물체는 늘어나거나 눌리거나 구부러지거나 비틀릴 수 있어요. 물질마다 변형력에 반응하는 방식이 달라요. 힘이 사라지면 원래의 모양과 크기로 돌아가는 물질도 있어요. 이런 물질을 탄성이 있다고 해요. 변형된 채로 남아 있는 물질은 가소성이 있다고 하지요. 그러나 힘을 충분히 가하면 모든 물질은 결국 부서져요.

비틀기
모형의 앞쪽을 한쪽 방향으로 돌리고 뒤쪽을 반대 방향으로 돌려요.

비트는 힘

힘은 물체를 돌릴 수 있어요. 돌림힘이 한쪽 방향으로만 작용하면, 물체는 그냥 빙빙 회전해요. 힘들이 서로 반대 방향으로 밀거나 당긴다면, 비틀림이 생겨요. 물체가 비틀리지요. 우리는 빨래를 짤 때 비트는 힘을 써요.

구부리기

둘 이상의 힘이 서로 다른 부위에 서로 다른 방향으로 가해지면, 물체는 구부러질 수 있어요. 구부러지지 않는다고 생각하는 물체도 아주 조금은 구부러져요. 바람 심한 날엔 고층 건물도, 우리가 올라간 다리도 살짝 구부러져요.

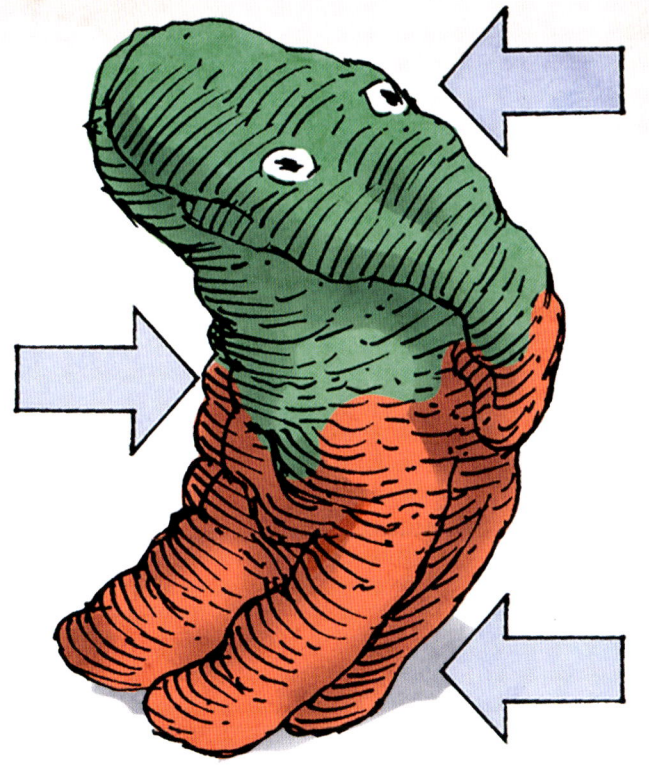

물질은 어떻게 변형될까?

모형 찰흙은 가소성 물질이에요. 변형력이 사라진 뒤에도 변형된 형태로 남아 있어요. 한편 탄성을 띠는 물질도 많아요. 힘이 사라지면 원래의 크기와 모양으로 돌아가는 물질이지요. 금속은 어느 지점까지는 탄성을 띠어요. 하지만 아주 세게 밀거나 누르면, 영구히 변형되고, 결국 끊어질 거예요.

탄성

금속 용수철은 힘을 주어 잡아당기면 늘어났다가, 놓으면 원래 모양으로 돌아가요. 하지만 힘을 아주 많이 주어서 너무 많이 잡아당기면, 늘어난 상태로 있을 거예요. 이 원래 모습으로 돌아가지 못하는 지점을 물질의 탄성 한계라고 해요.

연약한 물질

대부분의 물질은 힘을 충분히 가하면, 결국 부서질 거예요. 유리와 세라믹 같은 몇몇 연약한 물질은 변형이 거의 일어나지 않은 상태에서 파괴점에 다다를 거예요. 도자기 잔을 단단한 표면에 떨어뜨리면, 금이 가거나 부서질 거예요.

속도

과학자에게 가속도라는 단어는 '더 빨라진다'는 뜻이 아니에요. 한 물체의 속도 변화를 의미해요. 속도는 무언가가 한 방향으로 얼마나 빨리 가는지를 뜻해요. 움직이는 물체는 속도가 빨라지거나 느려질 때 모두 가속되는 거예요. 속도가 변했기 때문이에요. 또 속도는 그대로인데 방향이 바뀌어도 가속되는 거예요. 예를 들어, 원을 그리며 빙빙 도는 물체는 속력은 일정해도, 방향이 계속 바뀌고 있어요. 직선으로 달리는 것이 아니니까요. 따라서 속도가 바뀌는 것이고 가속되는 거죠.

빙빙 도는 공
이 공은 끈에 묶여 있어요. 끈의 장력이 공을 안쪽으로 잡아당기기 때문에, 공은 원을 그리며 돌아요.

변하는 속도
이 공은 일정한 속력으로 움직이지만, 직선으로 움직이지 않기 때문에 속도는 계속 변하고 있어요.

자리가 바뀐 것이 아닐까?
작은 땃쥐가 수레를 타고 무거운 매머드가 밀면, 훨씬 더 가속도가 붙을 거예요.

힘과 질량
땃쥐가 밀면 매머드가 앉아 있는 수레의 속력이 증가해요. 다른 두 수레와 가속도를 비교해 봐요.

질량이 두 배
수레에 매머드가 두 마리 탔으니, 질량이 두 배라는 뜻이에요. 땃쥐 한 마리가 매머드 두 마리를 미니까 가속도가 최소예요. 이길 수 없는 조합이지요.

뒤처진 팀
앞선 수레를 따라잡으려면, 땃쥐는 네 배나 힘차게 밀어야 할 거예요.

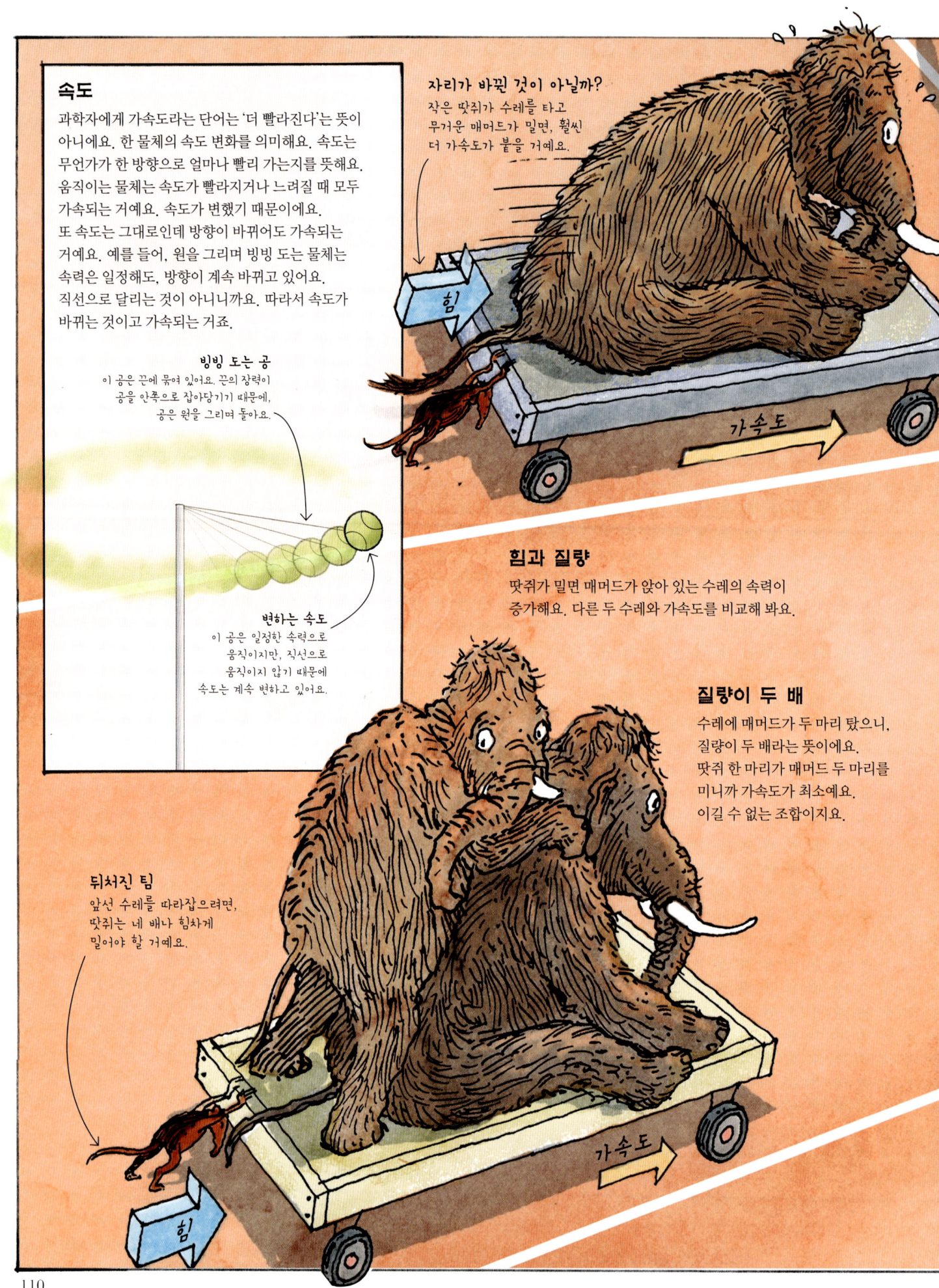

가속도

무언가를 더 빨리 움직이게 하려면, 밀거나 당겨야 해요. 물체의 속도가 얼마나 빨리 바뀔지는 가하는 힘의 크기에 달려 있어요. 이 속도 변화를 가속도라고 해요. 이 경주에서는 매머드가 탄 수레를 의욕이 넘치는 코끼리땃쥐가 밀고 있어요. 땃쥐가 계속 미는 한 수레는 가속되지요. 가속도가 가장 큰 수레가 가장 빨리 달려서 우승할 거예요. 하지만 잘 보세요. 공정한 경기가 아니에요.

우승 가능성 높이기
매머드가 살을 빼면, 다음 번에는 더 빨리 가속될 거예요.

매머드 밀기

이 매머드 수레 경주에서 우승자는 뻔해요. 물체의 가속도는 미는 힘만이 아니라, 물체의 질량에도 달려 있기 때문이지요. 질량이 다른 두 물체를 같은 힘으로 민다면, 가벼운 쪽이 더 빨리 가속될 거예요. 또 두 물체의 질량이 같다면, 더 큰 힘을 가한 쪽이 더 가속되지요.

힘을 두 배로

땃쥐 두 마리가 매머드 한 마리를 밀 때가 가장 가속도가 커져요. 따라서 이 수레는 경주에서 쉽게 이겨요.

결승선 통과
땃쥐 두 마리는 한 마리보다 미는 힘이 두 배예요.

가속도

가자, 가자, 얏!
맨 뒤쪽의 매머드가 바로 앞에 있는 매머드에게 쿵 부딪쳐요.

운동량

달리는 열차, 구르는 공, 흔들리는 매머드처럼 움직이는 물체는 멈추기가 어려울 수도 있어요. 운동량이 크기 때문이에요. 물체는 질량이 더 크고 속도가 더 빠를수록, 운동량도 커요. 움직이는 물체가 다른 물체에 부딪칠 때, 운동량은 다른 물체로 전달돼요. 이 곡예사 매머드들이 잘 보여 주고 있어요.

충돌 경로

매머드 다섯 마리가 밧줄로 허공에 매달려 있어요. 맨 뒤쪽의 매머드를 매단 줄을 뒤로 잡아당겼다가 탁 놓아요. 매머드는 슉 하고 날아가서 앞에 가만히 있는 매머드들에게 부딪쳐요. 이 매머드는 움직임을 멈추지만, 그 운동량은 앞으로 죽 전달되어서, 맨 앞의 매머드를 앞으로 쑥 밀어내지요.

운동량 전달
중간의 세 매머드는
움직이지 않지만,
맨 앞의 매머드에게
운동량을 전달해요.

으악!
운동량을 죽 전달받은
맨 앞쪽의 매머드는 앞으로 쑥
밀려나가요. 이 매머드가 뒤로
돌아올 때면 반대 방향으로
운동량 전달이 일어나요.

운동량 보존
물체끼리 부딪칠 때 한쪽이 느려지거나
멈추기도 해요. 하지만 총운동량은
부딪치기 전이나 후나 똑같아요.
이를 운동량 보존이라고 해요.
당구를 칠 때, 흰 공이 다른 색깔의
공들에 부딪치면, 공들이 모두 밀려나요.
이때 각 공의 운동량은 부딪치기 전
흰 공의 운동량보다 적어요. 하지만
각 공의 운동량을 더한 값은
원래 흰 공의 운동량과 같아요.

운동량 불변
붉은 색깔 공의 운동량을 더한 값은
부딪치기 전 흰 공의 운동량과 같아요.

부딪치는 흰 공
흰 공은 붉은 공들을 쳐서 밀어내요.

작용과 반작용

우주의 모든 곳에서 작용하는 모든 힘에는 그 반대 방향으로 작용하는 같은 크기의 힘이 있어요. 다시 말하면, 모든 작용에는 크기가 같으면서 방향이 반대인 반작용이 있다는 뜻이에요. 한 물체가 다른 물체에 힘을 가하면, 다른 물체도 똑같은 크기의 힘을 원래 물체에 가하고 있어요.

작용-반작용 로켓

로켓의 추력은 동일하면서 방향이 반대인 반작용의 좋은 예예요. 로켓의 연료가 탈 때, 많은 양의 뜨거운 배출 가스가 생겨요. 이 가스는 팽창하면서 로켓 안쪽에서 꽉꽉 눌려요. 로켓 엔진은 가스를 더욱 많이 뿜어내고요. 이윽고 가스는 빠르게 아래로 왈칵 뿜어지고, 로켓은 같은 크기의 힘으로 위로 밀려 올라가요.

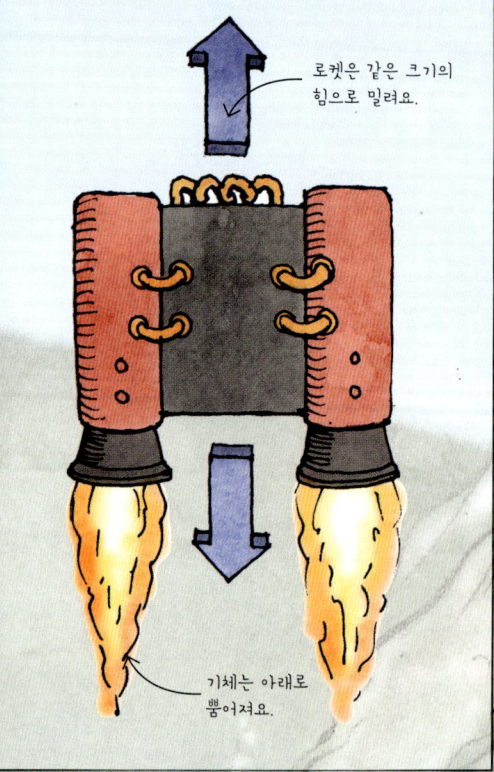

로켓은 같은 크기의 힘으로 밀려요.

기체는 아래로 뿜어져요.

로켓의 반작용

발사대에서 하늘로 발사된 이 매머드는 작용-반작용을 이용하여 중력에 맞서요. 매머드의 등에 묶인 로켓 엔진은 높은 압력의 가스를 아래로 뿜어요. 그러면 반작용으로 로켓이 반대 방향으로 밀려나요. 이 위로 미는 힘을 추력이라고 해요. 추력은 평소에 매머드를 땅에 붙들고 있는 중력을 충분히 이겨요.

땅에 붙들려 있는 매머드
이 매머드의 몸무게는 추력이 가해질 때까지 매머드를 땅에 붙들고 있어요.

중력

중력은 달을 지구 궤도로 돌게 하는 힘이고, 우리가 지표면에서 우주로 날아가지 않도록 막는 힘이에요. 중력은 모든 두 물체 사이에 작용해서, 서로를 끌어당겨요. 그러나 중력은 약한 힘이에요. 지구처럼 질량이 아주 큰 물체 가까이에 있어야 효과를 알아차릴 수 있어요. 질량이 클수록 중력도 더 커요.

중력은 어떻게 작용할까

중력은 두 물체 사이에 작용하는 힘이에요. 중력은 물체의 질량이 더 크고, 물체가 서로 가까워질수록 더 강해요.

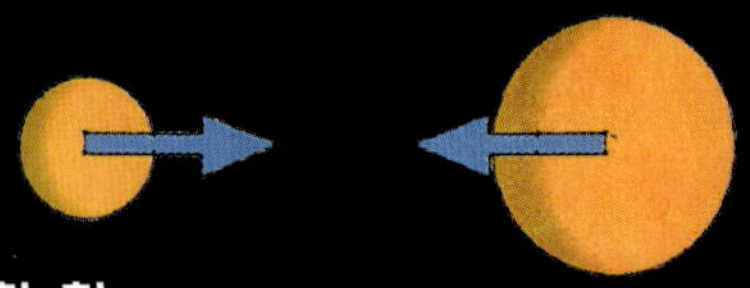

동등한 힘

질량이 서로 달라도 두 물체가 서로에게 가하는 힘은 동등해요. 작은 물체가 큰 물체를 당기는 힘은 큰 물체가 작은 물체를 당기는 힘과 똑같아요.

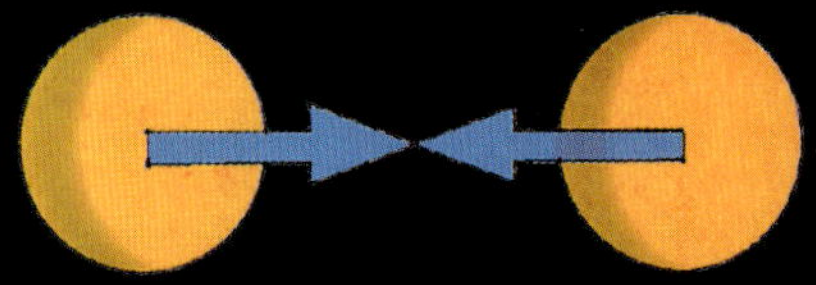

질량이 클수록 중력도 커짐

힘의 크기는 물체의 질량에 따라 달라져요. 한쪽 물체의 질량이 두 배가 되면, 두 물체 사이의 중력도 두 배가 돼요.

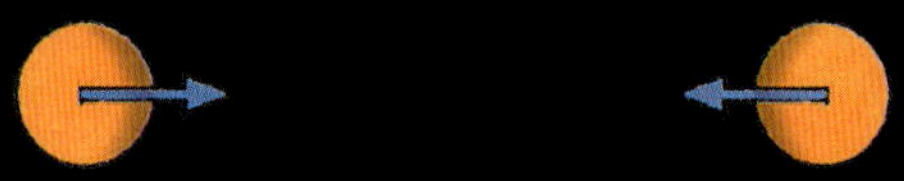

거리가 멀수록 중력은 작아짐

중력의 당기는 힘은 물체가 서로 멀어질수록 약해져요. 거리가 두 배로 늘면, 중력은 1/4로 줄어들어요.

아주 멀리 뛰기

달은 지구보다 질량이 훨씬 적기 때문에, 중력도 훨씬 약해요. 매머드는 지구보다 달에서 훨씬 더 높이 뛸 수 있을 거예요. 표면으로 다시 끌어당기는 힘이 더 약하니까요. 아주 멀리까지 뛸 수 있지요.

도약
매머드는 중력을 이길 수 있는 힘으로 뛰어올라요.

아주 높이
매머드는 지구보다 달에서 여섯 배 더 높이 뛸 거예요.

힘의 불균형
달과 매머드 사이의 중력보다 매머드가 뛰어오르는 힘이 더 커요.

질량과 무게

질량은 무언가가 지닌 물질의 양인 반면, 무게는 힘이에요. 중력이 무언가를 얼마나 잡아당기는지를 가리켜요. 지구에 있든 달에 있든 간에 매머드의 질량은 언제나 같지만, 무게는 중력에 따라 달라져요.

달에서의 무게

매머드의 무게는 달에서는 지구의 1/6에 불과해요. 달의 중력이 지구 중력의 1/6이기 때문이에요. 매머드의 질량은 변하지 않아도, 체중계로 재면 몸무게가 1/6밖에 안 돼요.

깊은 우주에서의 무게

매머드가 모든 행성과 별에서 멀리 떨어진 은하수 바깥으로 여행할 수 있다면, 중력이 아주 작아져서 거의 무게가 나가지 않을 거예요. 매머드의 질량을 끌어당기는 힘이 없어서 체중계에 무게가 0으로 나올 거예요.

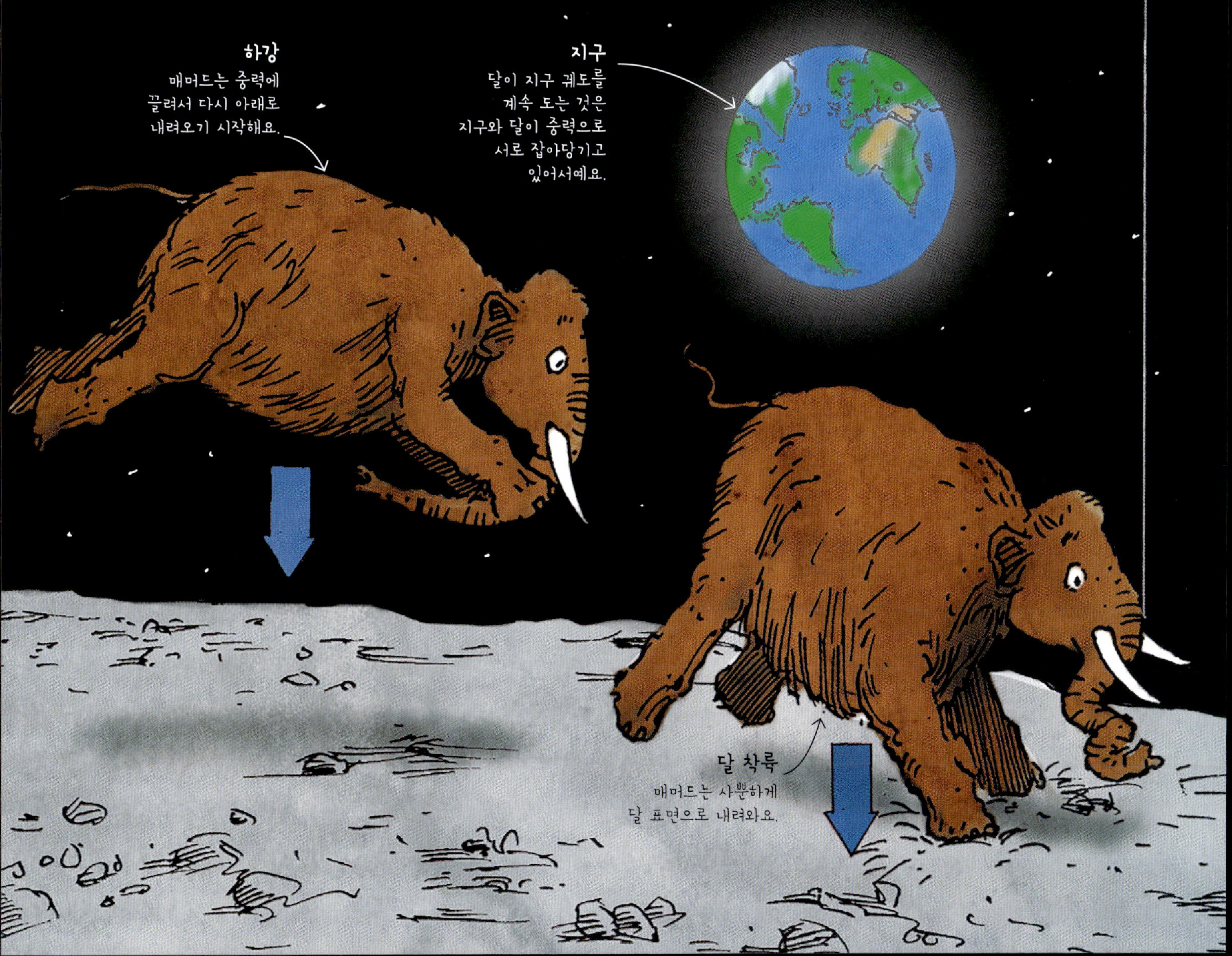

하강
매머드는 중력에 끌려서 다시 아래로 내려오기 시작해요.

지구
달이 지구 궤도를 계속 도는 것은 지구와 달이 중력으로 서로 잡아당기고 있어서예요.

달 착륙
매머드는 사뿐하게 달 표면으로 내려와요.

마찰

물체를 어떤 표면 위에서 당기거나 밀 때면, 언제나 그 반대 방향으로 작용하는 힘이 생겨요. 이 힘을 마찰이라고 해요. 두 표면이 닿아서 문질러질 때면 언제나 마찰이 생기지요. 매머드가 미끄럼틀을 내려올 때는 마찰력이 약해서, 내려오는 속도는 점점 빨라져요. 그러나 땅에 닿으면 마찰력이 커지기 때문에, 금방 멈춰요.

미끄럼틀
미끄럼틀의 매끄러운 표면과 매머드의 털이 수북한 엉덩이 사이에는 마찰이 거의 없어요. 그래서 매머드는 중력의 힘으로 쑥 내려가요.

안 움직여!
코끼리땃쥐들이 물통을 밀려고 애쓰지만, 물통과 땅 사이의 마찰력이 너무 커요.

생활 속 마찰

두 표면이 서로 문질러질 때마다, 언제나 마찰이 일어나요. 마찰이 매우 유용할 때도 많아요. 타이어가 도로를 달리거나 자전거의 브레이크를 잡을 때 마찰은 도움을 줘요. 반면에 마찰은 기계의 속도를 늦추고, 효율도 떨어뜨리고, 부품을 닳게 해요. 움직이는 부위에 기름을 치면, 마찰이 줄어들고 부품이 덜 닳아요. 이를 윤활 작용이라고 해요.

착 달라붙기
신발 바닥은 주로 고무로 만들어요. 마찰력이 커서 잘 미끄러지지 않기 때문이에요. 마찰이 없다면, 걸을 때 몸이 앞으로 나가는 대신에 발이 미끄러질 거예요.

마찰 줄이기
자전거의 체인과 기어가 잘 돌아가지 않을 때도 있어요. 그럴 때 기름을 치면 서로 더 매끄럽게 맞물리면서 돌아가요.

마찰력 증가

물체를 계속 움직이려면, 마찰을 이길 만큼 힘을 계속 주어서 밀거나 당겨야 해요. 미끄럼틀 꼭대기에서는 중력이 매머드를 끌어내려요. 미끄럼틀 바닥에 다다르면, 앞으로 미는 힘이 사라져요. 이때 마찰이 커지면, 금방 속도가 느려져요.

거친 바닥
매머드는 땅에 닿은 뒤에도 처음에는 계속 미끄러져요. 하지만 매머드와 거친 땅 사이에는 마찰이 커서, 곧 멈춰요. 미끄럼틀 아래가 미끄러운 얼음이라면, 훨씬 더 멀리까지 계속 나아가요.

확대한 모습
모든 표면은 자세히 보면 울퉁불퉁해요. 마찰은 이 울퉁불퉁한 부위들이 서로 문질러지면서 생겨요. 표면이 거칠수록, 더 울퉁불퉁하기 때문에 마찰이 더 커져요.

엉덩이가 뜨거워!
마찰이 일어날 때면 언제나 열이 나요. 움직이는 물체가 느려질 때 그 에너지가 열로 바뀌기 때문이에요.

난류
모양이 불규칙한 물체는 공기를 휘저어서 곳곳에서 소용돌이치게 해요. 이런 불규칙한 흐름을 난류라고 해요. 난류는 항력을 더 높여요.

쭈뼛쭈뼛!
매머드의 털도 항력을 조금 높여요. 매머드가 공기를 뚫고 나아갈 때, 털 한 올 한 올에 다 공기가 부딪치거든요.

공기의 저항
몸을 세우고 팔과 코를 움직이면서 내려가는 이 매머드는 공기가 부딪칠 표면이 많아요.

미끄러운 비탈
썰매와 눈이 쌓인 비탈 사이에는 마찰이 거의 없어서, 매머드는 쭉 미끄러져요.

항력

공기를 뚫고 나아가려면, 공기를 밀어내야 해요. 공기를 밀면, 공기도 우리를 밀어요. 그 힘을 공기 저항 또는 항력이라고 해요. 물체가 크고 더 빨리 움직일수록, 항력도 더 커져요. 더 많은 공기가 표면에 부딪치니까요. 공기 저항은 마찰과 비슷해요. 고체들의 표면이 맞닿아 문질러질 때 생기는 마찰처럼, 항력도 움직이는 물체의 속도를 늦추어요.

항력 경주

두 매머드가 똑같은 썰매를 타고 같은 비탈을 미끄러져 내려가요. 하지만 한쪽이 더 빨라요. 한 매머드는 똑바로 앉아 있어서 공기가 부딪치면서 미는 표면이 더 넓어요. 그래서 항력 때문에 속도가 느려요. 다른 매머드는 여러 방법으로 항력을 줄였어요. 그래서 썰매가 더 빨리 미끄러져요.

매끄럽게 흐르는 공기
유선형 매머드 위로는 공기가 쉽게 흘러서, 난류가 적게 생겨요.

유선형
이 매머드는 머리를 숙이고 팔다리와 코를 안쪽으로 모아서, 공기를 더 쉽게 가르고 나아갈 수 있어요.

매끄러운 표면
공기 흐름을 방해하지 않는 매끄러운 물질로 된 옷 덕분에, 표면 위로 공기가 쉽게 흘러서 항력과 난류가 적어요.

물의 저항

공기 속을 움직이는 물체가 공기 저항을 겪듯이, 물이나 다른 유체를 가르고 나아가는 물체도 저항을 받아요. 물은 공기보다 밀도가 훨씬 높아서, 물속에서 나아가려면 힘과 에너지가 훨씬 더 많이 들어요. 그래서 공기보다 물에서 움직이기가 훨씬 어렵지요. 배가 앞쪽이 뾰족하고 유선형인 이유도 그 때문이에요. 저항을 줄이기 위해서예요.

항력

물 저항은 공기 저항보다 수백 배 더 커요.

항력

121

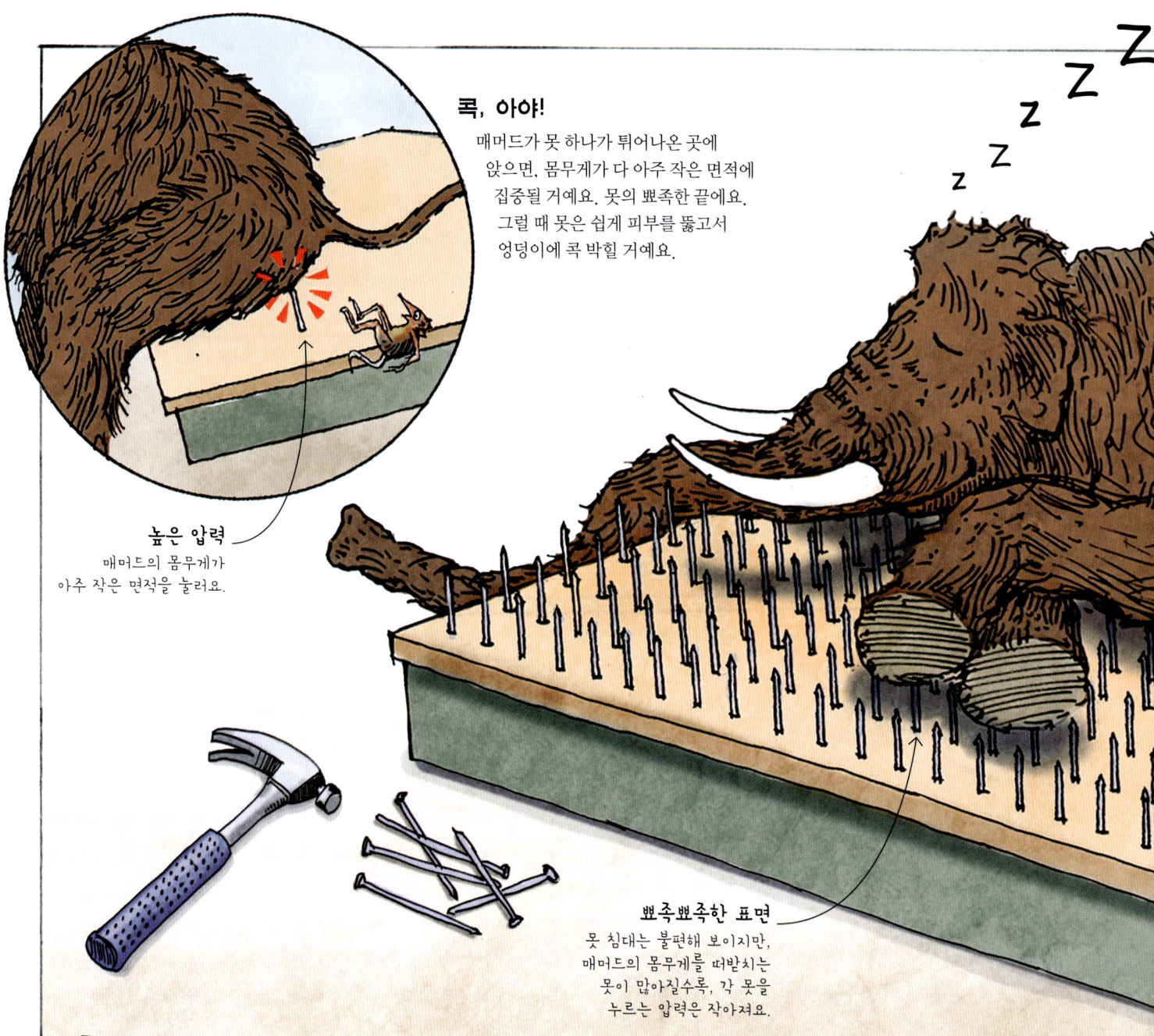

콕, 아야!
매머드가 못 하나가 튀어나온 곳에 앉으면, 몸무게가 다 아주 작은 면적에 집중될 거예요. 못의 뾰족한 끝에요. 그럴 때 못은 쉽게 피부를 뚫고서 엉덩이에 콕 박힐 거예요.

높은 압력
매머드의 몸무게가 아주 작은 면적을 눌러요.

뾰족뾰족한 표면
못 침대는 불편해 보이지만, 매머드의 몸무게를 떠받치는 못이 많아질수록, 각 못을 누르는 압력은 작아져요.

압력

어떤 힘이 무언가를 밀면, 그 무언가에 압력을 가하는 거예요. 압력은 한 곳에 집중되거나 펼쳐지는 힘의 양이에요. 같은 힘이 얼마나 넓은 면적에 가해지느냐에 따라서, 압력은 크거나 작을 수 있어요. 면적이 작을수록, 압력은 커져요. 핀과 못은 끝이 뾰족해서 아주 작은 면적에 누르는 힘이 모이기 때문에 쉽게 표면을 뚫을 수 있어요. 끝이 뾰족할수록, 누르는 압력이 더 커져요.

못 침대

이 매머드는 못 침대에서 어떻게 이렇게 편안하게 누워서 자고 있을까요? 이 매머드가 여기저기 못에 찔려서 다칠 것이라고요? 그렇지 않아요. 못이 아주 많아 매머드의 몸무게가 고루 분산되어서, 못 하나가 받는 압력은 아주 작아요. 그러니 누워서 한숨 자도 돼요!

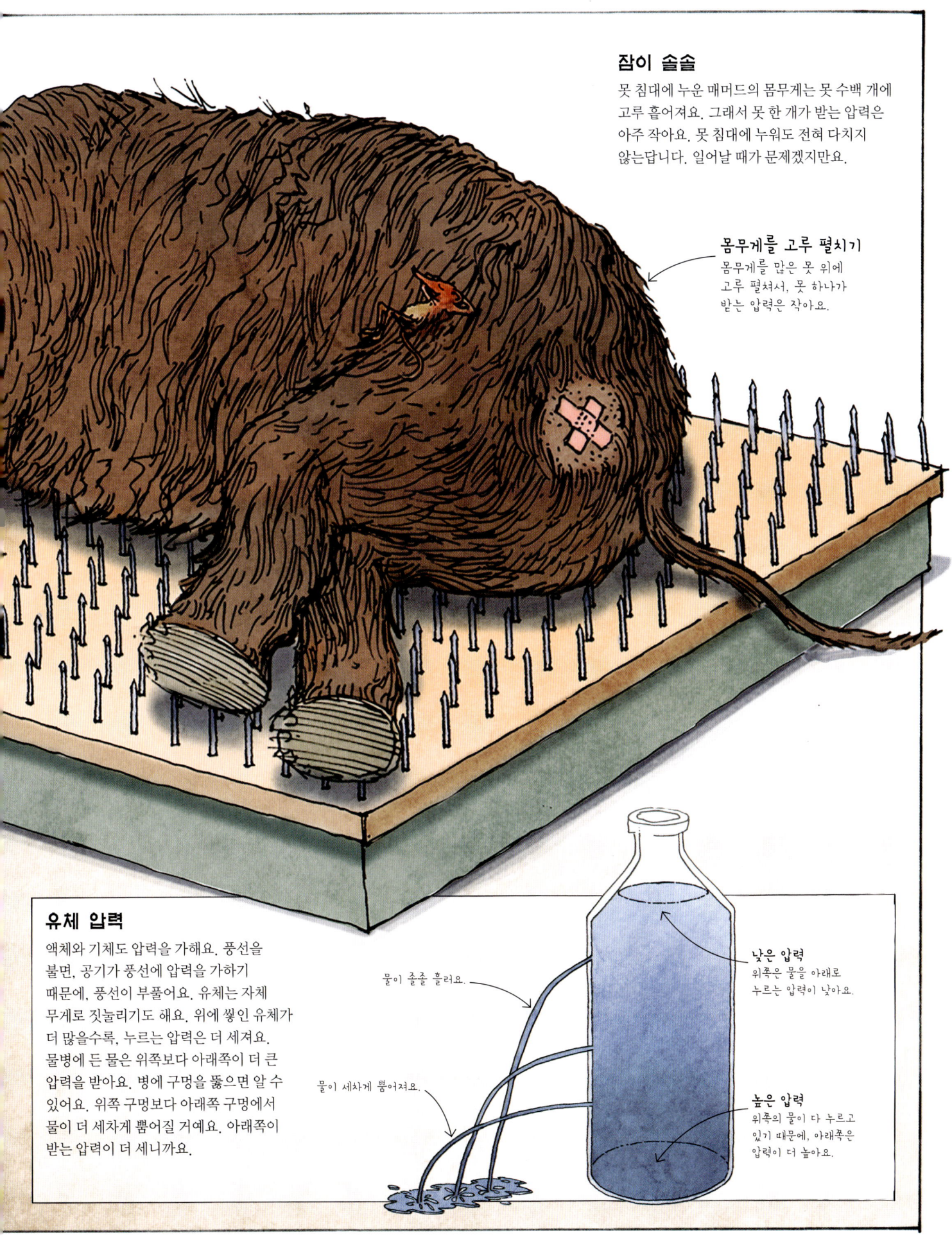

잠이 솔솔

못 침대에 누운 매머드의 몸무게는 못 수백 개에 고루 흩어져요. 그래서 못 한 개가 받는 압력은 아주 작아요. 못 침대에 누워도 전혀 다치지 않는답니다. 일어날 때가 문제겠지만요.

몸무게를 고루 펼치기
몸무게를 많은 못 위에 고루 펼쳐서, 못 하나가 받는 압력은 작아요.

유체 압력

액체와 기체도 압력을 가해요. 풍선을 불면, 공기가 풍선에 압력을 가하기 때문에, 풍선이 부풀어요. 유체는 자체 무게로 짓눌리기도 해요. 위에 쌓인 유체가 더 많을수록, 누르는 압력은 더 세져요. 물병에 든 물은 위쪽보다 아래쪽이 더 큰 압력을 받아요. 병에 구멍을 뚫으면 알 수 있어요. 위쪽 구멍보다 아래쪽 구멍에서 물이 더 세차게 뿜어질 거예요. 아래쪽이 받는 압력이 더 세니까요.

물이 졸졸 흘러요.

물이 세차게 뿜어져요.

낮은 압력
위쪽은 물을 아래로 누르는 압력이 낮아요.

높은 압력
위쪽의 물이 다 누르고 있기 때문에, 아래쪽은 압력이 더 높아요.

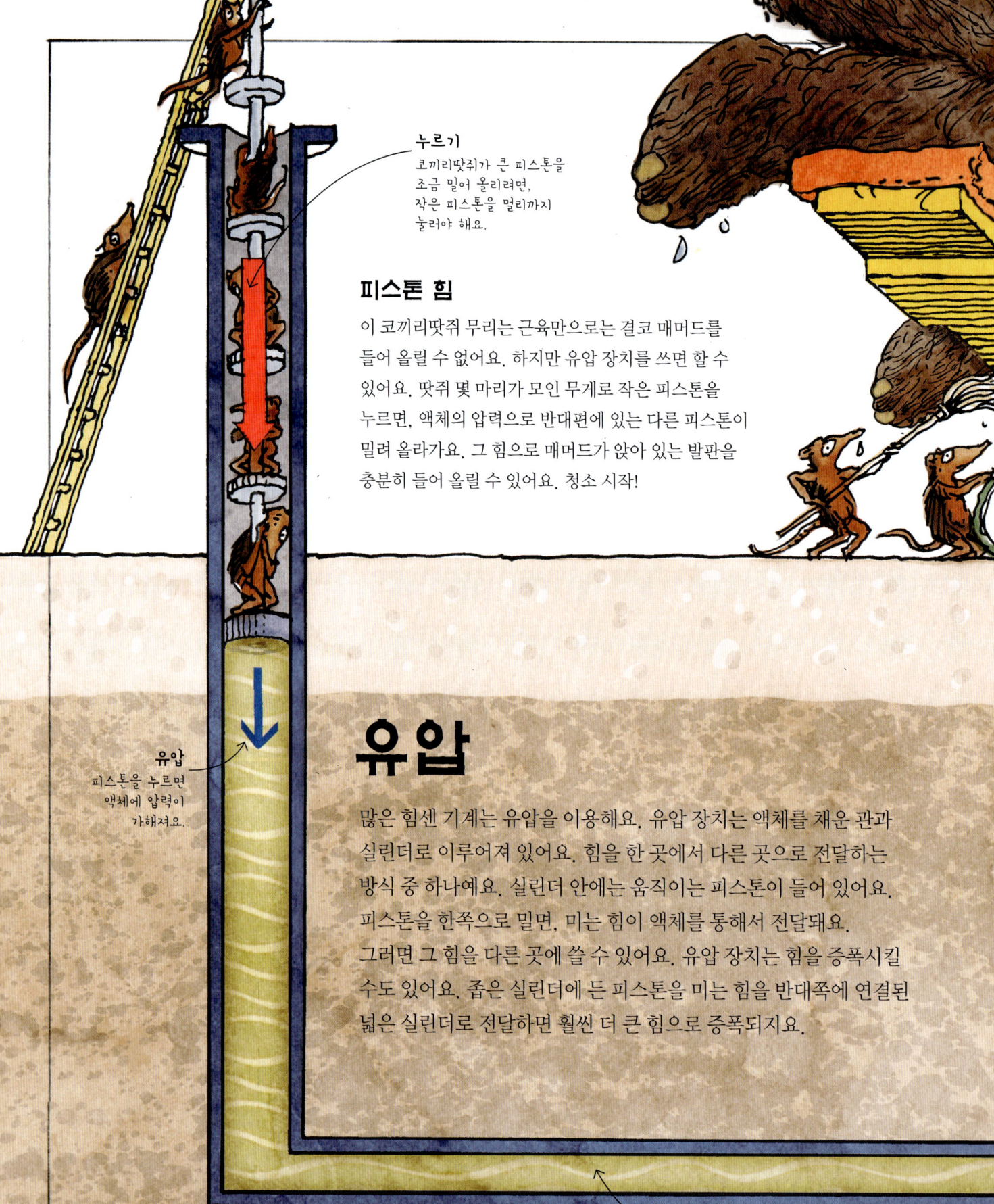

누르기
코끼리땃쥐가 큰 피스톤을 조금 밀어 올리려면, 작은 피스톤을 멀리까지 눌러야 해요.

피스톤 힘

이 코끼리땃쥐 무리는 근육만으로는 결코 매머드를 들어 올릴 수 없어요. 하지만 유압 장치를 쓰면 할 수 있어요. 땃쥐 몇 마리가 모인 무게로 작은 피스톤을 누르면, 액체의 압력으로 반대편에 있는 다른 피스톤이 밀려 올라가요. 그 힘으로 매머드가 앉아 있는 발판을 충분히 들어 올릴 수 있어요. 청소 시작!

유압
피스톤을 누르면 액체에 압력이 가해져요.

유압

많은 힘센 기계는 유압을 이용해요. 유압 장치는 액체를 채운 관과 실린더로 이루어져 있어요. 힘을 한 곳에서 다른 곳으로 전달하는 방식 중 하나예요. 실린더 안에는 움직이는 피스톤이 들어 있어요. 피스톤을 한쪽으로 밀면, 미는 힘이 액체를 통해서 전달돼요. 그러면 그 힘을 다른 곳에 쓸 수 있어요. 유압 장치는 힘을 증폭시킬 수도 있어요. 좁은 실린더에 든 피스톤을 미는 힘을 반대쪽에 연결된 넓은 실린더로 전달하면 훨씬 더 큰 힘으로 증폭되지요.

압력을 받는 액체
액체는 거의 압축되지 않기 때문에(눌러도 부피가 더 줄어들지 않기 때문에) 압력을 받는 액체는 다른 곳으로 밀려 나가요.

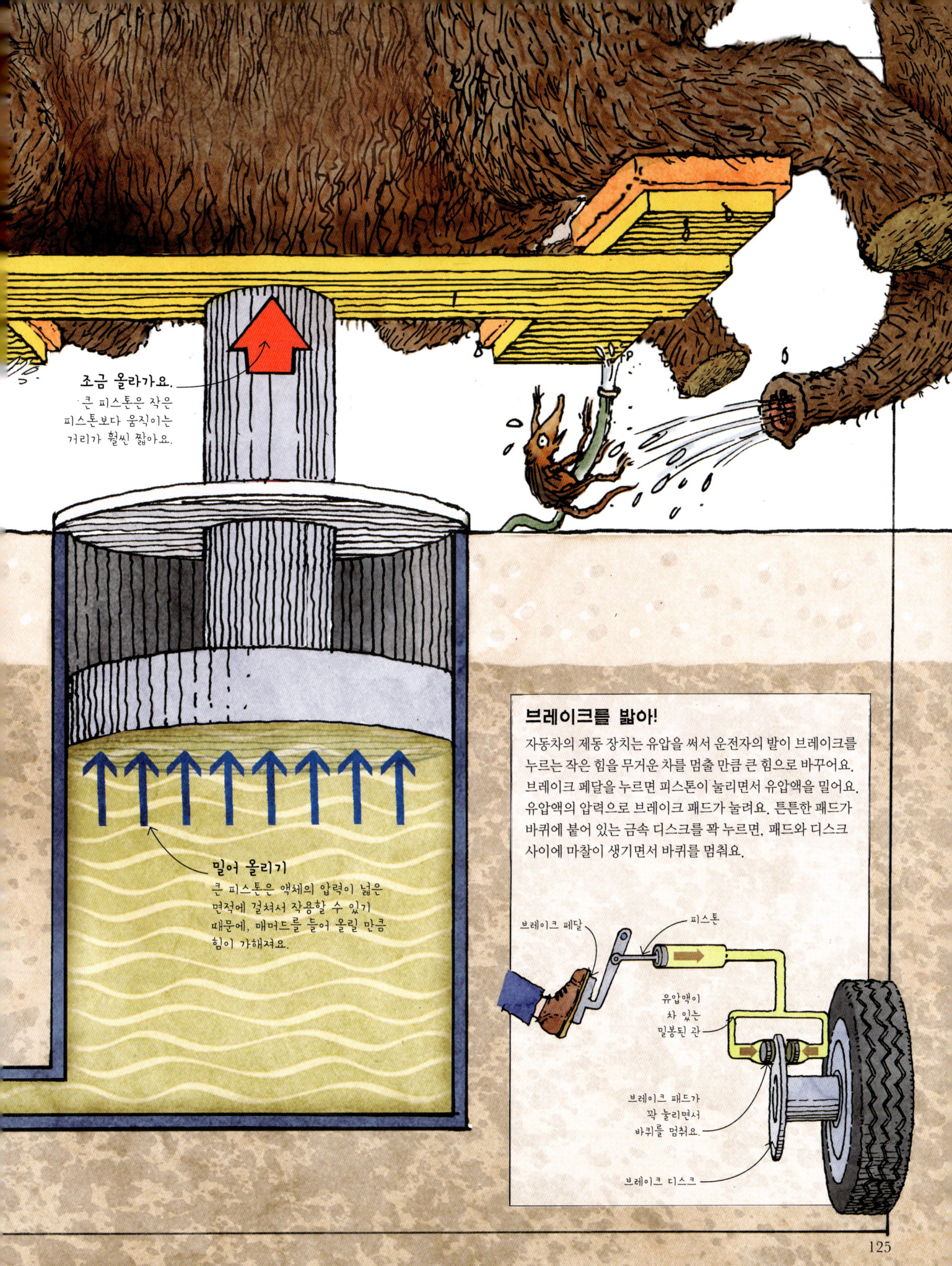

부력

매머드는 물에 가라앉을까요, 헤엄칠까요? 헤엄치는 법을 배웠느냐에 따라 달라져요. 그러나 매머드가 물에 뜰지 가라앉을지는 밀도에 따라 달라져요. 밀도는 매머드 몸에 들어 있는 물질의 양이에요. 물보다 밀도가 작은 물체는 물에 뜨지만, 밀도가 큰 물체는 가라앉을 거예요.

밀도 변화

매머드는 포유동물이고, 포유동물은 물에 떠요. 몸이 물보다 밀도가 약간 작기 때문이에요. 물에 들어간 매머드는 아마 몸은 물에 잠긴 채 머리만 물 위로 내밀고 있을 거예요. 고무튜브나 웨이트 벨트를 끼면, 물 위에 뜨거나 바닥으로 가라앉을 거예요.

가라앉기

이 매머드는 무거운 잠수복을 입고 웨이트 벨트까지 차고 있어요. 몸과 이 장비의 밀도를 더하면 물의 밀도보다 훨씬 커져요. 그래서 물 바닥을 걸을 수 있어요.

웨이트 벨트
아주 밀도가 높은 금속 덩어리가 들어 있어요.

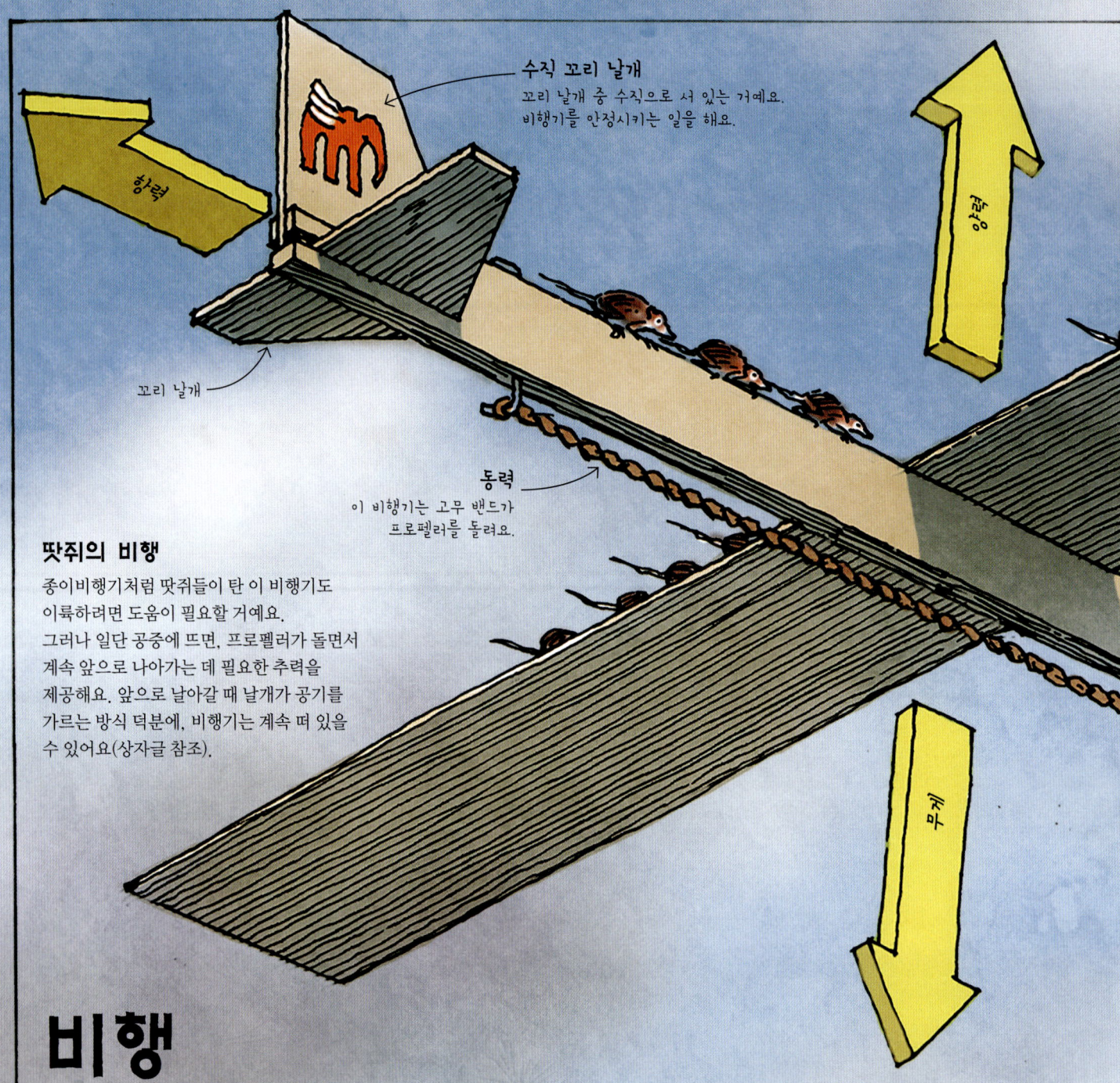

땃쥐의 비행

종이비행기처럼 땃쥐들이 탄 이 비행기도 이륙하려면 도움이 필요할 거예요. 그러나 일단 공중에 뜨면, 프로펠러가 돌면서 계속 앞으로 나아가는 데 필요한 추력을 제공해요. 앞으로 날아갈 때 날개가 공기를 가르는 방식 덕분에, 비행기는 계속 떠 있을 수 있어요(상자글 참조).

비행

점보제트기든 종이비행기든 간에, 하늘을 나는 모든 것에는 네 가지 힘이 작용해요. 양력은 비행기를 떠 있게 하는 힘이에요. 비행기의 무게는 비행기를 끌어내리지요. 추력은 비행기를 앞으로 미는 힘이에요. 항력, 즉 공기 저항은 비행기를 뒤로 끄는 힘이고요. 이륙하려면 추력과 양력이 항력과 무게보다 커야 해요. 공중에 떴을 때 네 힘이 균형을 이루면, 비행기는 일정한 속력으로 곧장 날아갈 거예요.

용감한 비행사

새일까요, 비행기일까요? 비행기를 탄 용감한 코끼리땃쥐들이에요! 이 나무 비행기는 고무 밴드로 동력을 얻어요. 먼저 손으로 프로펠러를 빙빙 돌려서 고무 밴드를 더 이상 감기지 않을 때까지 계속 꼬아요. 그런 뒤 프로펠러를 놓으면, 고무 밴드가 풀리면서 프로펠러를 빠르게 돌려서 비행기를 앞으로 밀어요.

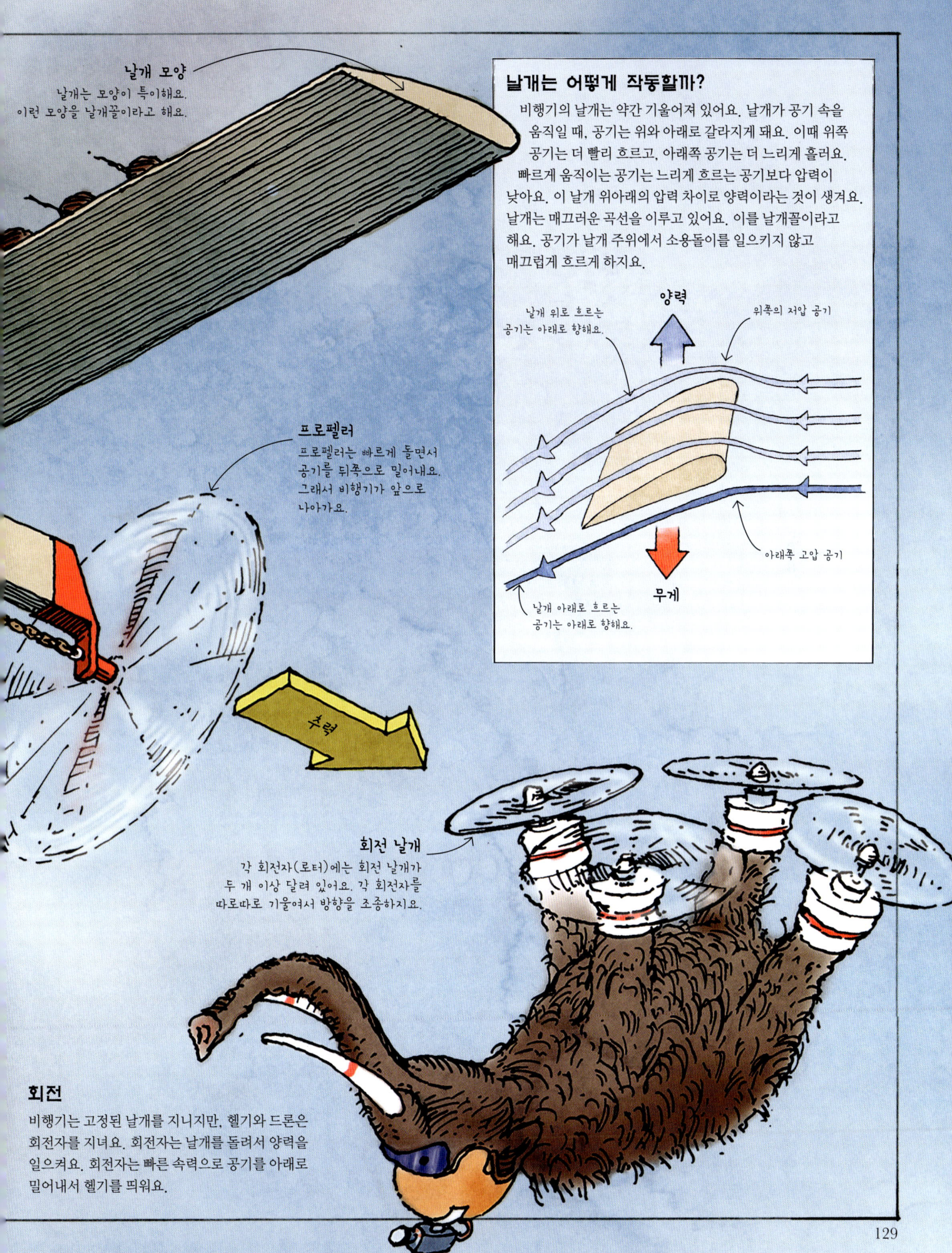

단순한 기계들

기계는 유용한 일을 하는 도구예요. 자전거부터 자동차 엔진에 이르기까지, 가장 복잡한 기계들은 단순한 기계들이 모여서 만들어져요. 가장 단순한 기계 여섯 가지는 모두 힘을 특정한 방식으로 바꾸어서 일을 해요. 힘의 방향을 바꾸거나, 힘을 더 약하게 또는 더 강하게 바꾸어서죠. 대부분의 기계는 '기계적 확대율'을 제공해요. 힘을 더 키워서 일을 더 쉽게 해준다는 뜻이에요.

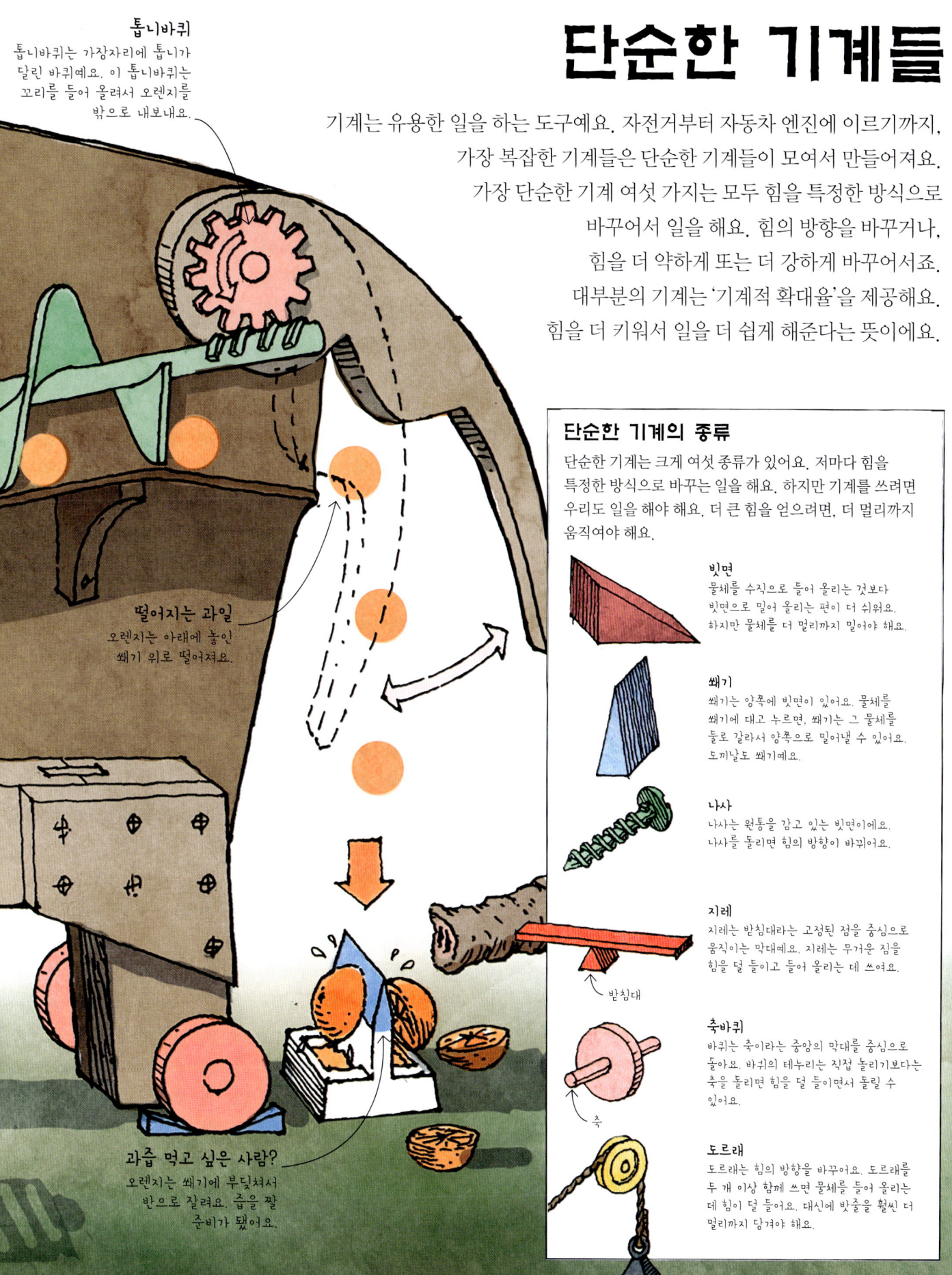

톱니바퀴
톱니바퀴는 가장자리에 톱니가 달린 바퀴예요. 이 톱니바퀴는 꼬리를 들어 올려서 오렌지를 밖으로 내보내요.

떨어지는 과일
오렌지는 아래에 놓인 쐐기 위로 떨어져요.

과즙 먹고 싶은 사람?
오렌지는 쐐기에 부딪쳐서 반으로 잘려요. 즙을 짤 준비가 됐어요.

단순한 기계의 종류

단순한 기계는 크게 여섯 종류가 있어요. 저마다 힘을 특정한 방식으로 바꾸는 일을 해요. 하지만 기계를 쓰려면 우리도 일을 해야 해요. 더 큰 힘을 얻으려면, 더 멀리까지 움직여야 해요.

빗면
물체를 수직으로 들어 올리는 것보다 빗면으로 밀어 올리는 편이 더 쉬워요. 하지만 물체를 더 멀리까지 밀어야 해요.

쐐기
쐐기는 양쪽에 빗면이 있어요. 물체를 쐐기에 대고 누르면, 쐐기는 그 물체를 둘로 갈라서 양쪽으로 밀어낼 수 있어요. 도끼날도 쐐기예요.

나사
나사는 원통을 감고 있는 빗면이에요. 나사를 돌리면 힘의 방향이 바뀌어요.

지레
지레는 받침대라는 고정된 점을 중심으로 움직이는 막대예요. 지레는 무거운 짐을 힘을 덜 들이고 들어 올리는 데 쓰여요.

받침대

축바퀴
바퀴는 축이라는 중앙의 막대를 중심으로 돌아요. 바퀴의 테두리는 직접 돌리기보다는 축을 돌리면 힘을 덜 들이면서 돌릴 수 있어요.

축

도르래
도르래는 힘의 방향을 바꾸어요. 도르래를 두 개 이상 함께 쓰면 물체를 들어 올리는 데 힘이 덜 들어요. 대신에 밧줄을 훨씬 더 멀리까지 당겨야 해요.

지구와 우주

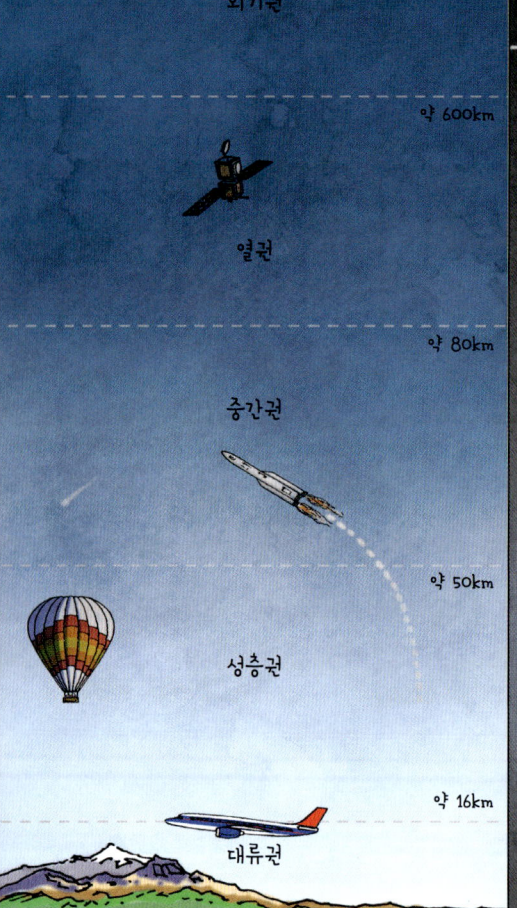

지구 대기

대기는 주로 산소와 질소로 되어 있고, 이산화탄소를 비롯한 기체들도 조금 섞여 있어요. 대기의 약 75퍼센트는 가장 아래층인 대류권에 모여 있어요. 대류권은 모든 날씨 현상이 일어나는 층이에요. 높이 올라갈수록 각 층에 있는 기체의 양은 줄어들다가 이윽고 우주와 만나게 돼요.

살아 있는 행성

생명은 지구의 어디에나 있어요. 가장 깊은 바다 밑에서 가장 높은 산꼭대기까지 있지요. 동식물은 대부분 대기의 기체가 있어야 살 수 있어요. 그리고 생명은 끊임없이 순환하면서 기체를 다시 대기로 돌려보내요.

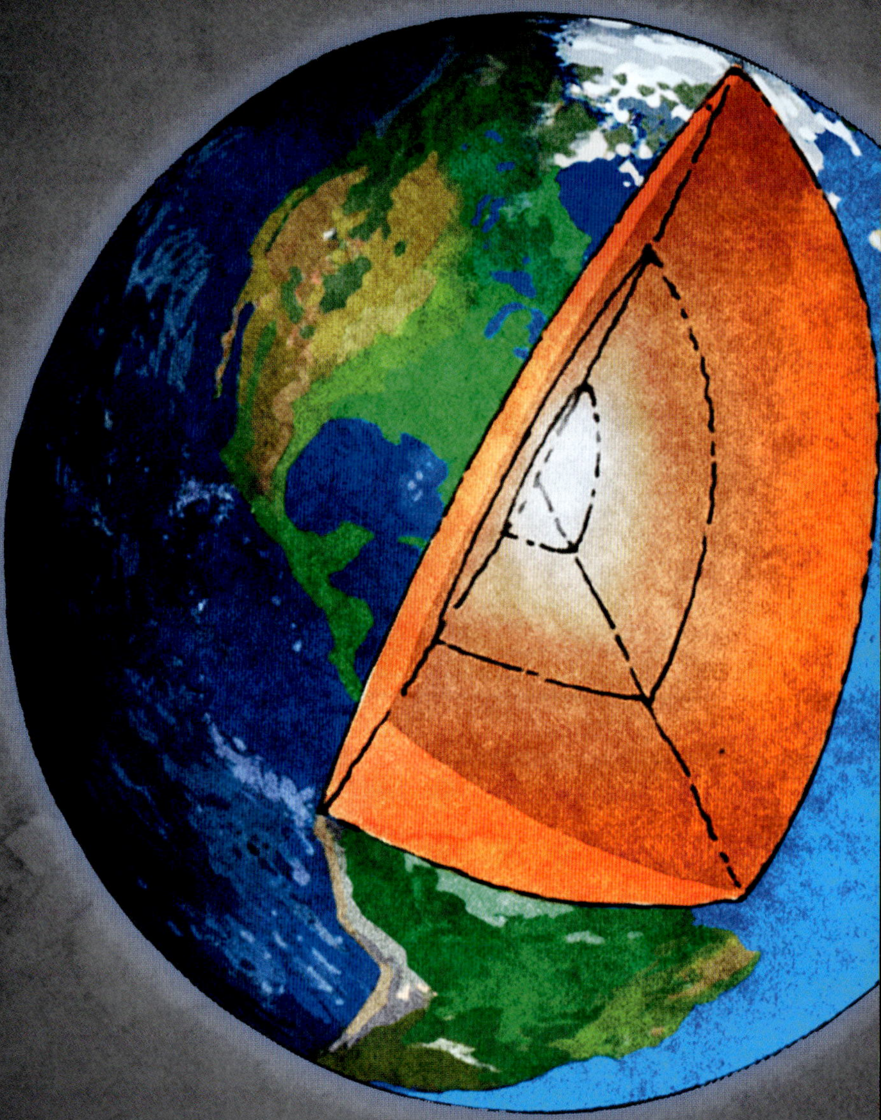

지구

우리가 고향이라고 부르는 지구는 태양계에서 세 번째 행성이에요. 주로 돌로 이루어진 암석형 행성이지요. 그리고 우리가 생명이 산다는 것을 확실하게 알고 있는 유일한 행성이에요. 이 암석 표면층의 약 3/4는 액체인 바다로 덮여 있어요. 지구 전체는 대기라는 기체로 덮여 있고요. 지구 안에는 아주 뜨거운 암석과 금속 덩어리가 들어 있어요. 깊이 들어갈수록 더 뜨거워지죠.

지구 내부

지구의 가장 바깥층은 암석으로 된 얇은 지각이에요. 지각은 지구 전체에서 아주 작은 부분을 차지해요. 가장 깊은 곳의 두께가 64km에 불과해요. 지구를 사과처럼 자르면, 지각 아래로 세 층이 더 있는 것을 볼 수 있어요. 두꺼운 맨틀, 액체인 외핵, 고체인 내핵이지요. 지표면에서 중심까지의 거리는 무려 6,400km예요.

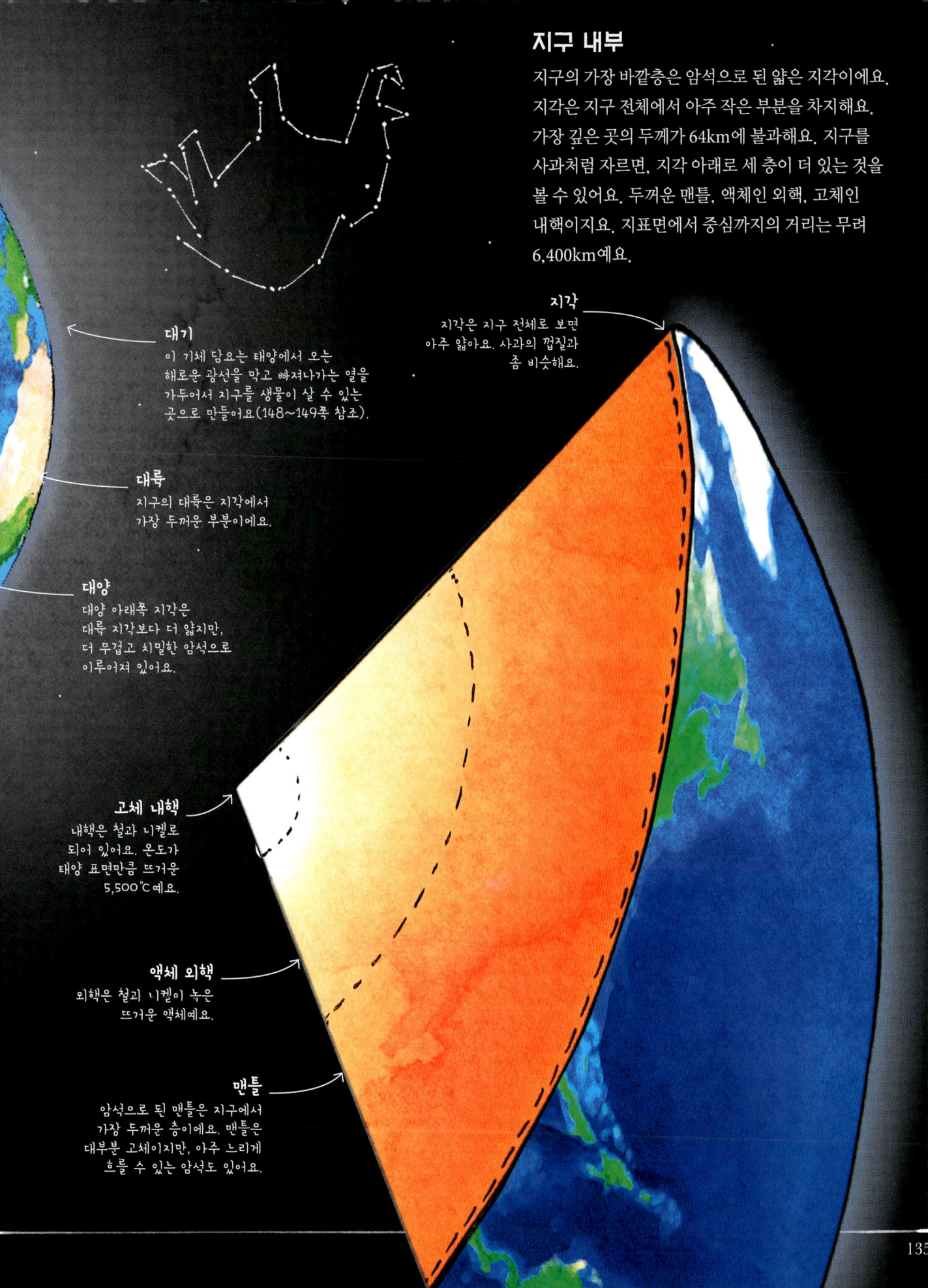

지각
지각은 지구 전체로 보면 아주 얇아요. 사과의 껍질과 좀 비슷해요.

대기
이 기체 담요는 태양에서 오는 해로운 광선을 막고 빠져나가는 열을 가두어서 지구를 생물이 살 수 있는 곳으로 만들어요(148~149쪽 참조).

대륙
지구의 대륙은 지각에서 가장 두꺼운 부분이에요.

대양
대양 아래쪽 지각은 대륙 지각보다 더 얇지만, 더 무겁고 치밀한 암석으로 이루어져 있어요.

고체 내핵
내핵은 철과 니켈로 되어 있어요. 온도가 태양 표면만큼 뜨거운 5,500°C예요.

액체 외핵
외핵은 철과 니켈이 녹은 뜨거운 액체예요.

맨틀
암석으로 된 맨틀은 지구에서 가장 두꺼운 층이에요. 맨틀은 대부분 고체이지만, 아주 느리게 흐를 수 있는 암석도 있어요.

태평양판
가장 큰 지각판은 태평양 밑에 있어요.

지각판 경계
두 지각판이 만나는 곳을 지각판 경계라고 해요.

지각 밑
얇은 지각 아래에는 뜨거운 맨틀층이 있어요.

지구의 퍼즐 조각

지각판은 거대한 조각 그림 퍼즐처럼 잘 끼워져 있어요. 지각판은 아주 느리게 움직여요. 그에 따라서 대륙도 움직이지요. 수억 년 년 전에는 대륙들의 모습이 지금과 전혀 달랐다는 뜻이에요.

움직이는 맨틀

지각판은 맨틀 위에 놓여 있기 때문에 움직이는 거예요. 맨틀은 반쯤 녹은 뜨거운 암석으로 되어 있어서 흐를 수 있어요. 맨틀의 암석은 열이 순환하는 흐름에 따라서 움직여요. 가장 뜨거운 암석이 위로 올라갔다가 식으면 다시 가라앉지요(83쪽 참조). 지표면 가장 가까이까지 올라간 맨틀은 가라앉을 때 지각도 끌어내려요.

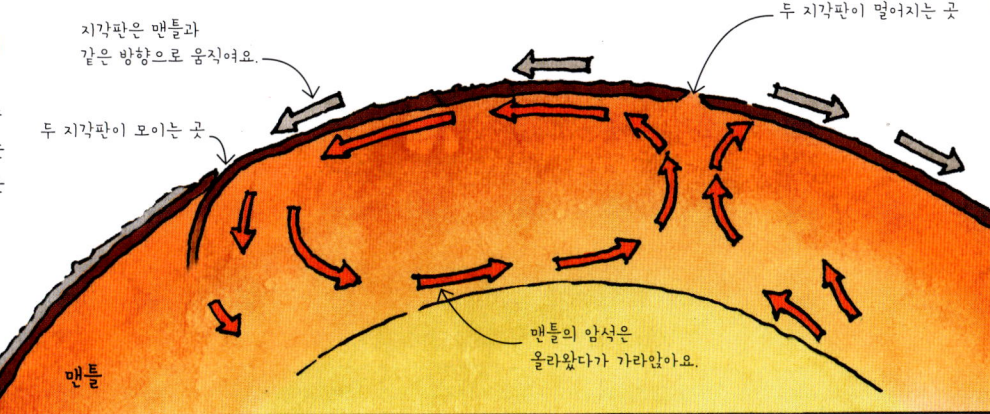

지각판은 맨틀과 같은 방향으로 움직여요.
두 지각판이 모이는 곳
두 지각판이 멀어지는 곳
맨틀의 암석은 올라왔다가 가라앉아요.
지각
맨틀

판 구조론

지표면은 언제나 움직이고 있어요. 거대한 퍼즐 조각들처럼 서로 끼워져 있는 지각판이라는 많은 조각들로 이루어져 있고, 맨틀 위에 떠 있기 때문이에요. 지각판은 믿어지지 않을 만큼 아주 느리게 움직여요. 손톱이 자라는 속도와 비슷해요. 하지만 지각판들이 큰 힘으로 부딪치는 곳에서는 엄청난 변화가 일어날 수 있어요.

보존형 경계

보존형 경계는 두 판이 서로 미끄러지는 곳이에요. 두 판 사이를 단층이라고 해요. 지진은 주로 보존형 경계에서 일어나요. 판들이 서로 미끄러지면서 부딪치는 곳이에요.

판 경계

둘 이상의 지각판이 만나는 경계에서는 엄청난 힘이 작용해요. 새로운 지각이 생기고, 있던 지각이 파괴되고, 산맥이 솟아오르고, 땅이 갈라지는 열곡이 나타나요. 지각판들이 모이는지, 멀어지는지, 서로 지나가는지에 따라서 판 경계는 크게 세 형태가 있어요.

화산
화산은 판 경계에서 흔해요.
지각 파괴
한 지각판이 다른 지각판 밑으로 밀려들어가요.

수렴형 경계

지각판은 수렴형 경계에서 충돌해요. 한쪽 판이 다른 쪽 판 밑으로 가라앉으면서 지각이 파괴되지요. 위쪽 판은 밀리면서 산맥이 솟아오를 수도 있어요.

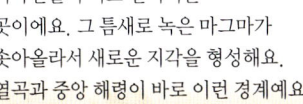

새 지각 형성
마그마가 솟아올라 식어서 새 지각이 되어요.

발산형 경계

지각판들이 서로 멀어지는 곳이에요. 그 틈새로 녹은 마그마가 솟아올라서 새로운 지각을 형성해요. 열곡과 중앙 해령이 바로 이런 경계예요.

암석 만들기

암석은 놀라울 만치 느리게 형성돼요. 수십만 년에 걸쳐서, 지각판이 움직일 때 그 아래의 암석이 가열되고 짓눌리면서 새로운 암석이 생겨요. 지표면의 암석은 바람과 물에 깎이고 쓸려 나가서 퇴적물로 쌓여요. 매머드는 부엌 실험실에서 이런 조건들을 만들어 내려 하고 있어요.

뜨거운 암석

암석을 녹이려면 엄청난 열을 가해야 해요. 매머드의 냄비에서는 안 돼요. 그러나 땅속 깊은 곳은 바로 그런 조건이에요. 녹은 암석을 마그마라고 해요. 마그마가 식어서 굳으면 화성암이 돼요. 화강암과 현무암은 화성암에 속해요. 화성암은 단단해요.

냉각

암석은 식는 속도에 따라서 모양도 달라져요. 천천히 식은 화성암에는 눈에 보이는 커다란 결정이 많이 들어 있어요.

암석의 순환

암석은 영원할 것 같지만, 사실 지구의 암석은 수백만 년에 걸쳐서 천천히 순환되지요. 각 암석은 다른 종류의 암석으로 변할 수 있어요. 비바람에 깎이고, 땅속에서 녹고, 열이나 압력에 변형되면서요.

풍화와 침식
지표면의 암석은 풍화 작용으로 부스러기가 되어 씻겨 나가요.

분출
뜨거운 암석은 용암으로 분출되어 지표면에서 식어요. 그러면 현무암 같은 화성암이 되지요.

마그마방
마그마는 땅속에 갇혀 있다 식어서 화강암 같은 화성암을 형성할 수도 있어요.

퇴적
침식된 알갱이들이 쌓여서 압축되면 퇴적암이 되지요.

어마어마한 압력
깊은 땅속의 열과 압력으로 변성암이 생겨요.

융기
일부 암석은 지각의 움직임을 통해서 위로 밀려 올라와요.

마그마
암석은 녹아서 마그마가 돼요.

암석

지각을 이루는 암석은 광물이라는 자연적으로 생기는 물질로 이루어져 있어요. 광물은 고체 결정을 만드는 화합물이에요. 다양하게 섞여서 암석을 만들지요. 암석은 크게 세 종류가 있어요. 화성암, 변성암, 퇴적암이에요. 각각은 만들어지는 방식이 달라서, 성질도 달라요.

압력솥
매머드에게는 안타깝게도, 이 압력솥은 변성암을 만들 수 있는 압력에 이르지 못해요.

압력과 열
변성암을 만들려면 엄청난 압력과 열이 필요해요. 땅속 암석이 지각판의 힘에 짓눌리거나 뜨거운 마그마에 닿으면, 녹지 않고 변성이 돼요. 대리석은 퇴적암인 석회암에서 생긴 변성암이에요. 변성암은 대개 단단해요. 또 다양한 광물들이 서로 다른 색깔의 띠무늬를 이루고 있는 것이 많아요.

짓눌린 퇴적물
퇴적암은 부서진 암석 조각이나 조개껍데기 조각 같은 동물의 잔해에서 만들어져요. 이런 퇴적물들이 오랜 세월에 걸쳐 쌓이면 압력에 아래쪽이 짓눌려서 암석으로 변해요. 백악 같은 퇴적암은 대개 아주 부드럽고 잘 부스러져요.

지층
퇴적암에는 색깔이 다른 층들이 있을 때가 많아요.

화석

생물이 죽으면 대개는 분해되어서 사라져요. 그러나 잔해나 흔적이 수십억 년 동안 남아 있을 때도 있어요. 이런 것들을 화석이라고 해요. 화석은 아주 드물지만, 먼 옛날에 살았던 놀라운 생물들을 이해하는 데 큰 도움을 줘요.

화석은 어떻게 생길까?

화석이 형성되는 데에는 수백만 년이 걸려요. 지금 발견되는 화석은 대부분 돌로 변한 뼈대나 껍데기예요. 먼저 동물이 물가나 물속에서 죽은 뒤, 완전히 분해되거나 먹히기 전에 진흙이나 모래로 뒤덮이지요. 화석이 되려면 이 과정이 꼭 필요해요. 그래서 화석 중에는 해양 생물이 많아요.

물에 가라앉음
티라노사우루스 렉스가 호수나 늪에 빠져 죽어요. 그러면 바닥으로 가라앉고, 부드러운 부분은 분해되고 단단한 뼈대만 남아요.

퇴적층
시간이 흐르면서 부드러운 퇴적물(진흙과 모래)이 쌓여서 뼈대를 덮어요. 수백만 년에 걸쳐 쌓인 퇴적물은 짓눌리면서 단단한 돌로 변해요.

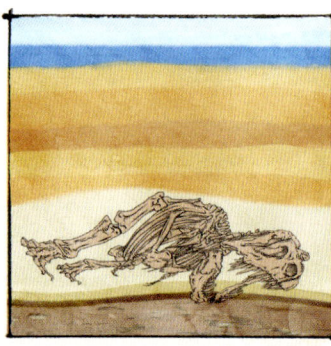

돌이 된 뼈대
묻힌 뼈의 미세한 구멍 속으로 물에 녹은 광물질이 스며들어서 굳어요. 뼈는 서서히 돌로 변해요.

노출
수백만 년이 흐른 뒤, 지각 변동으로 화석이 든 암석이 지표면으로 올라와요. 바람과 물에 암석이 깎이면, 화석이 드러나지요.

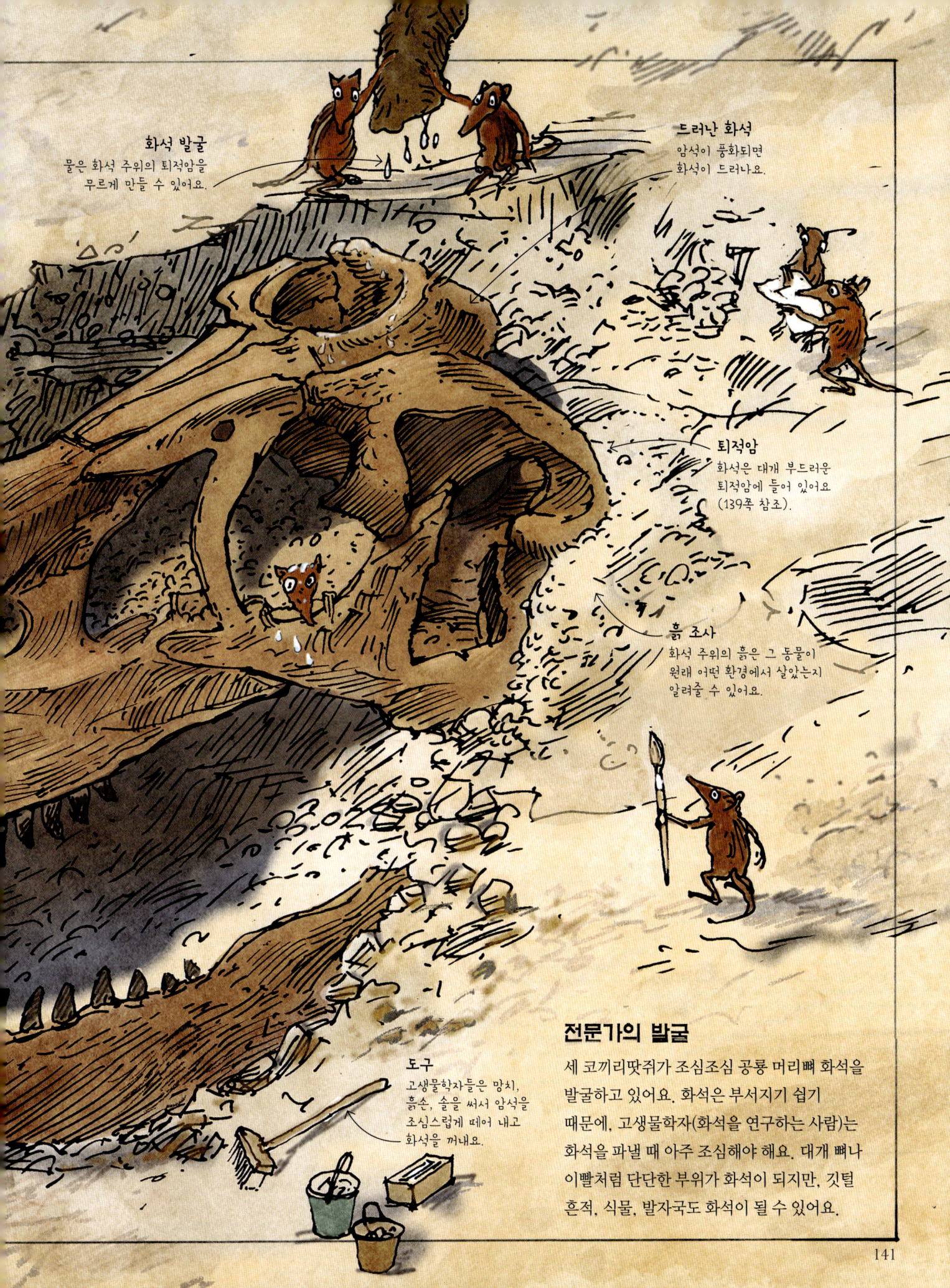

물의 순환

지구의 물은 바다, 공기, 육지 사이를 끊임없이 움직이면서 끝없이 돌고 돌아요. 물의 양은 언제나 같아요. 한 곳에서 다른 곳으로 움직이면서 계속 형태를 바꿀 뿐이지요. 물이 이렇게 끊임없이 재순환되기 때문에, 오늘 수도꼭지에서 나오는 물은 매머드가 수천 년 전에 마시던 물과 똑같아요.

구름
수증기는 올라가면서 차가워져서 응축되어 작은 물방울이 돼요. 그것이 구름이에요.

수증기
햇빛에 가열된 물은 증발하여 대기로 들어가요.

증산
대기의 수증기는 대부분 바닷물이 증발해서 생기지만, 식물에서 나오는 것도 있어요. 식물은 땅속의 물을 뿌리로 빨아들였다가, 증산이라는 과정을 통해 잎으로 내보내요. 우림은 수증기를 아주 많이 내뿜어서 늘 낮게 구름이 드리워져 있어요.

구름
구름 속의 물은 비가 되어 내려요.

나무는 잎에서 공기로 수증기를 뿜어내요.

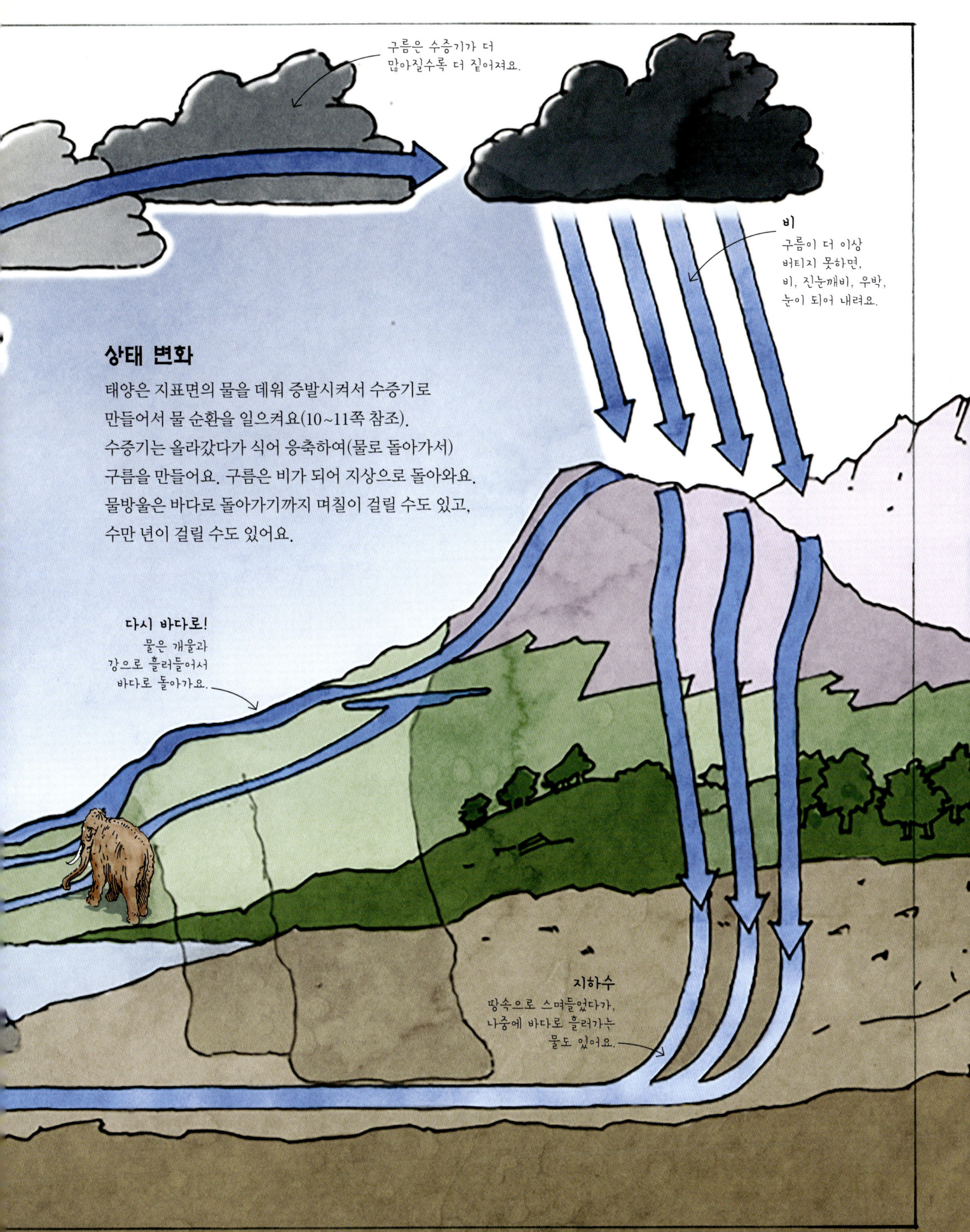

계절

세계의 여러 지역에서는 한 해를 사계절로 나누어요. 봄, 여름, 가을, 겨울이지요. 여름은 낮이 더 길고 날씨가 더운 반면, 겨울은 낮이 짧고 추워요. 지구의 자전축(지축)이 기울어져 있기 때문이에요. 이 축은 남극과 북극을 잇는 가상의 직선이에요. 축이 기울어져 있다는 말은 한 해 중에서 햇빛이 더 많이 드는 시기와 더 적게 드는 시기가 있다는 뜻이에요.

12월

남반구가 태양 쪽으로 기울어져서 기온이 더 높고 낮이 더 길어요. 북반구는 태양에서 먼 쪽으로 기울어져 있어서 겨울이에요.

직사광

태양 쪽으로 기울어진 반구는 직사광을 더 많이 받아요. 해가 바로 머리 위에 놓이기 때문에, 빛이 집중되어서 더 뜨거워지지요. 손전등과 공으로 설명할 수 있어요. 손전등으로 공을 똑바로 비추면, 빛이 한 곳에 집중되지요. 전등을 비스듬히 비추면, 빛이 더 넓게 흩어져서 더 약해져요.

직사광
빛이 한 곳에 집중되지요.

확산광
같은 양의 빛이 더 넓은 면적에 퍼져요.

기울어진 지구

매머드들이 커다란 지구본을 들고 움직이면서 계절이 왜 생기는지 설명하고 있어요. 지구본은 기울어진 지축을 나타내는 막대에 끼워져 있어요. 지축은 방향이 달라지지 않아요. 그래서 지구가 태양 주위를 돌 때 남반구가 더 태양에 가까워질 때가 있고, 북반구가 더 가까워질 때도 있어요.

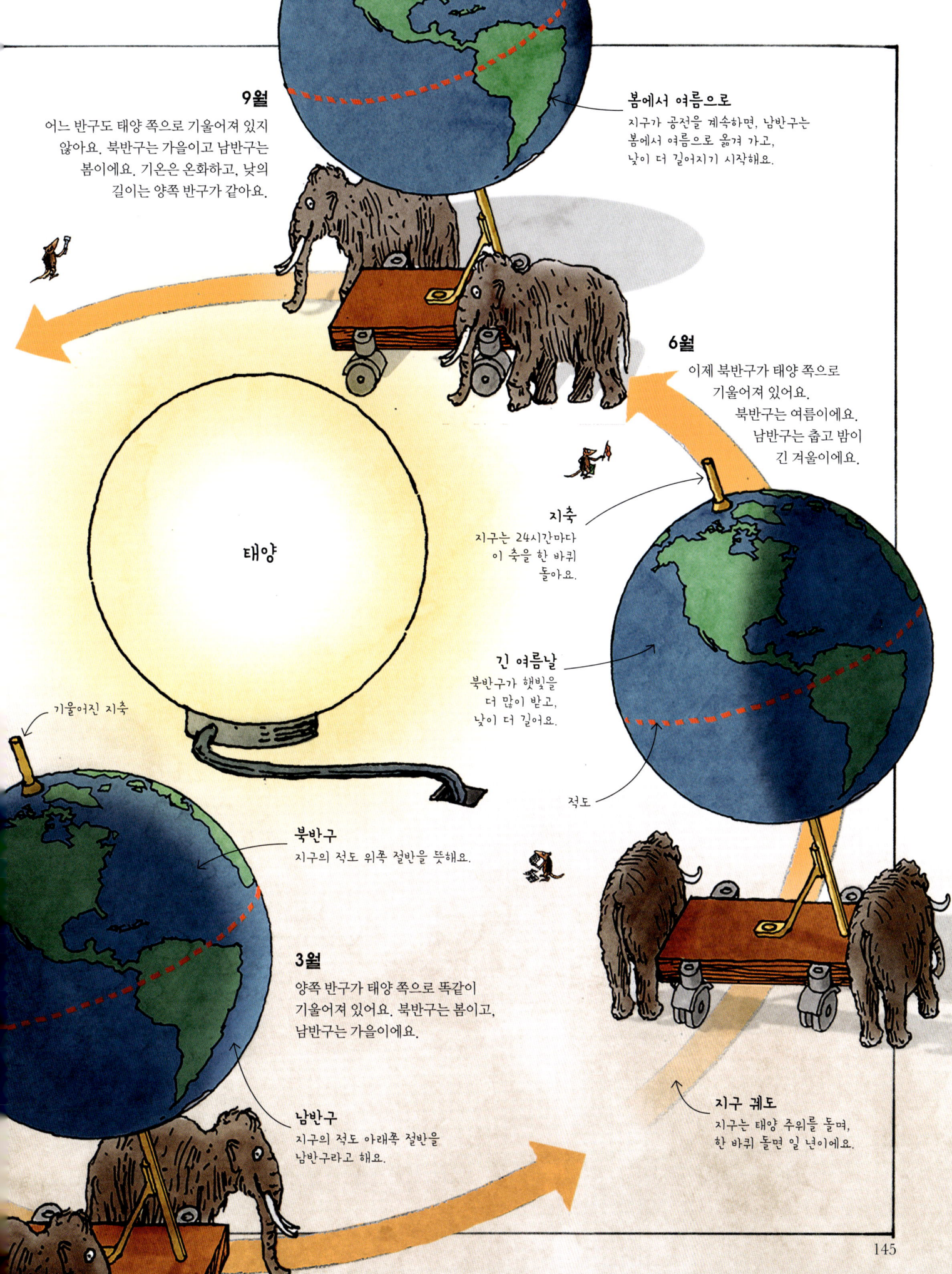

기후

날씨는 우리 주변의 공기에서 일어나는 일이에요. 비가 오거나 메마르거나, 바람이 불거나 안 불거나, 맑거나 흐리거나 하지요. 날씨는 매일 변하지만, 오랜 기간에 걸쳐 보면 같은 날씨가 되풀이해서 나타나요. 이렇게 한 지역에서 으레 나타나는 날씨를 기후라고 해요. 기후는 고도, 바다와의 거리, 벌판, 산 등 많은 요인에 영향을 받아요. 가장 큰 요인은 적도에서 얼마나 멀리 있느냐예요.

기후대

적도는 지구의 중심을 둘러싼 가상의 선이에요. 가장 햇빛을 많이 받는 지역이라서, 아주 덥고 쨍쨍한 열대 기후지요. 적도에서 가장 멀리 떨어진 극지방은 직사광을 가장 적게 받으며, 얼어붙을 듯이 추운 기후예요. 극지방 옆에는 온대가 있고, 온대와 열대 사이에는 아열대가 있어요.

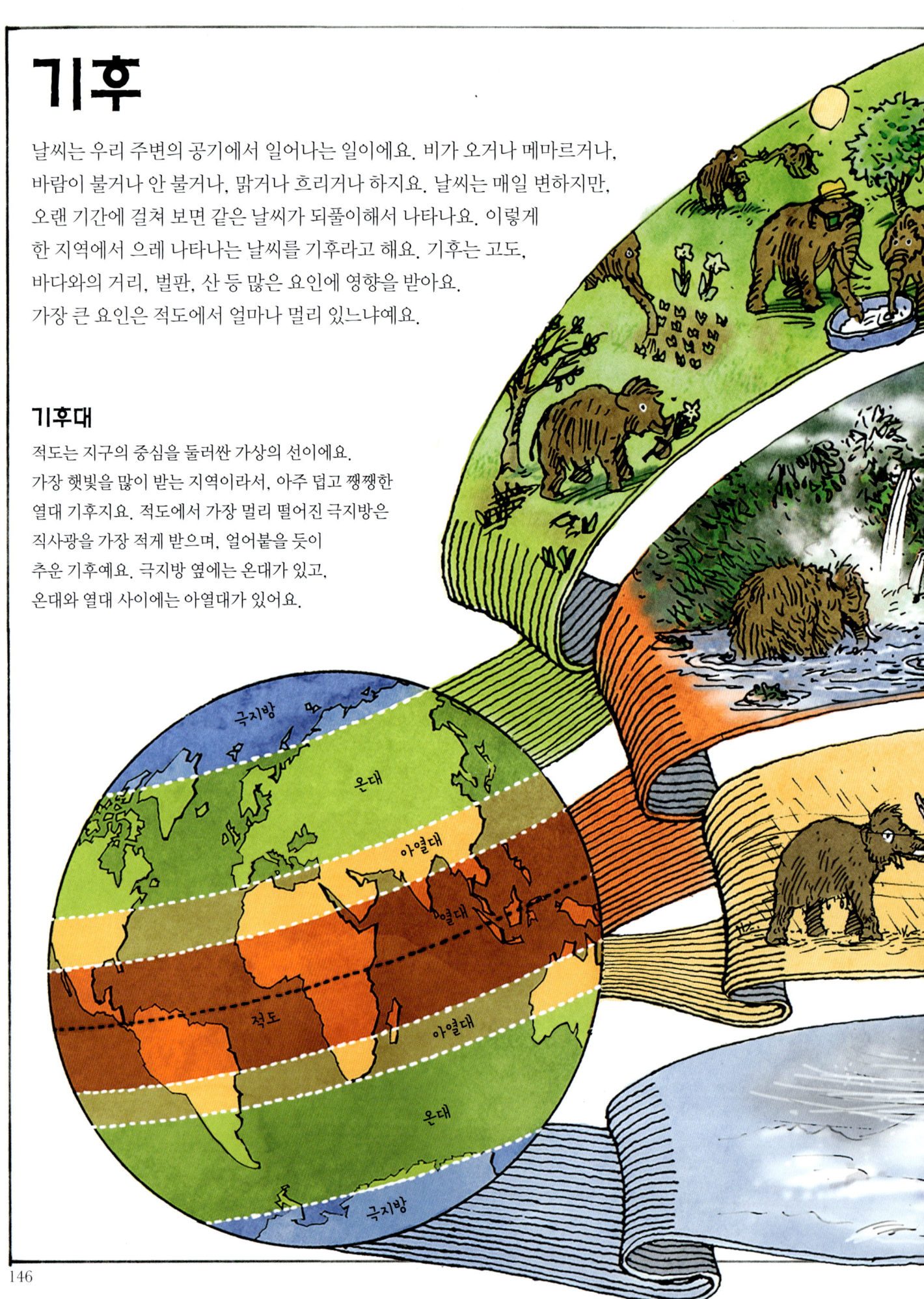

온대

온대는 봄, 여름, 가을, 겨울의 사계절이 뚜렷해요. 계절마다 날씨가 달라요. 여름은 덥고 겨울은 추우며, 양쪽은 기온 차이가 많이 나요. 온대 중에서는 습한 지역도 있고, 지중해 연안처럼 건조한 곳도 있어요.

열대

적도 지역은 일 년 내내 더워요. 일 년 내내 비가 많이 오는 곳도 있고, 늘 건조하다가 우기에만 비가 오는 지역도 있어요. 덥고 비가 많이 내리는 곳에는 아마존 우림처럼 무성한 열대림이 자랄 수 있어요.

아열대

열대와 온대 사이에는 여름에 덥고 습하고, 겨울에는 따뜻하고 비가 많이 오는 아열대가 있어요. 기온이 영하로 내려가는 일이 거의 없어요. 일 년 내 비가 전혀 또는 거의 안 오는 지역도 있어요. 사막은 아열대에 많이 있어요.

극지방

극지방은 일 년 내내 아주 춥고 건조해요. 대부분은 얼음과 눈으로 두껍게 뒤덮여 있지만, 사실 강수량이 아주 적어요. 즉 눈도 비도 거의 안 내려요. 극지방은 살기가 힘들어요. 털매머드는 고향에 온 것 같겠지만요.

온실 효과

유리 온실이 열을 가둬서 식물을 따뜻하게 유지하듯이, 지구 대기의 기체도 태양의 온기가 우주로 돌아가지 못하게 가두어요. 이 온실 효과가 없다면, 지구는 너무 추워져서 우리가 아는 생물들은 살지 못할 거예요.

일부 에너지는 지표면에 반사되어 우주로 돌아가요.

일부 에너지는 대기에 반사되어 우주로 돌아가요.

햇빛
태양에서 오는 에너지는 대기로 들어와서 빛과 온기를 줘요.

지구 기온 상승
태양의 에너지는 지구를 덥혀요. 지구는 그 온기를 열(적외선 복사)로 방출해요.

온실가스
지구 대기는 주로 질소와 산소로 이루어져 있지만, 이산화탄소 같은 온실가스도 소량 있어요. 이런 기체는 열을 흡수하여 우주로 빠져나가지 못하게 막아요. 인간 활동은 이런 기체들의 농도를 빠르게 늘려 왔어요.

농업
벼를 재배하고 소를 칠 때 특히 온실가스가 많이 나와요.

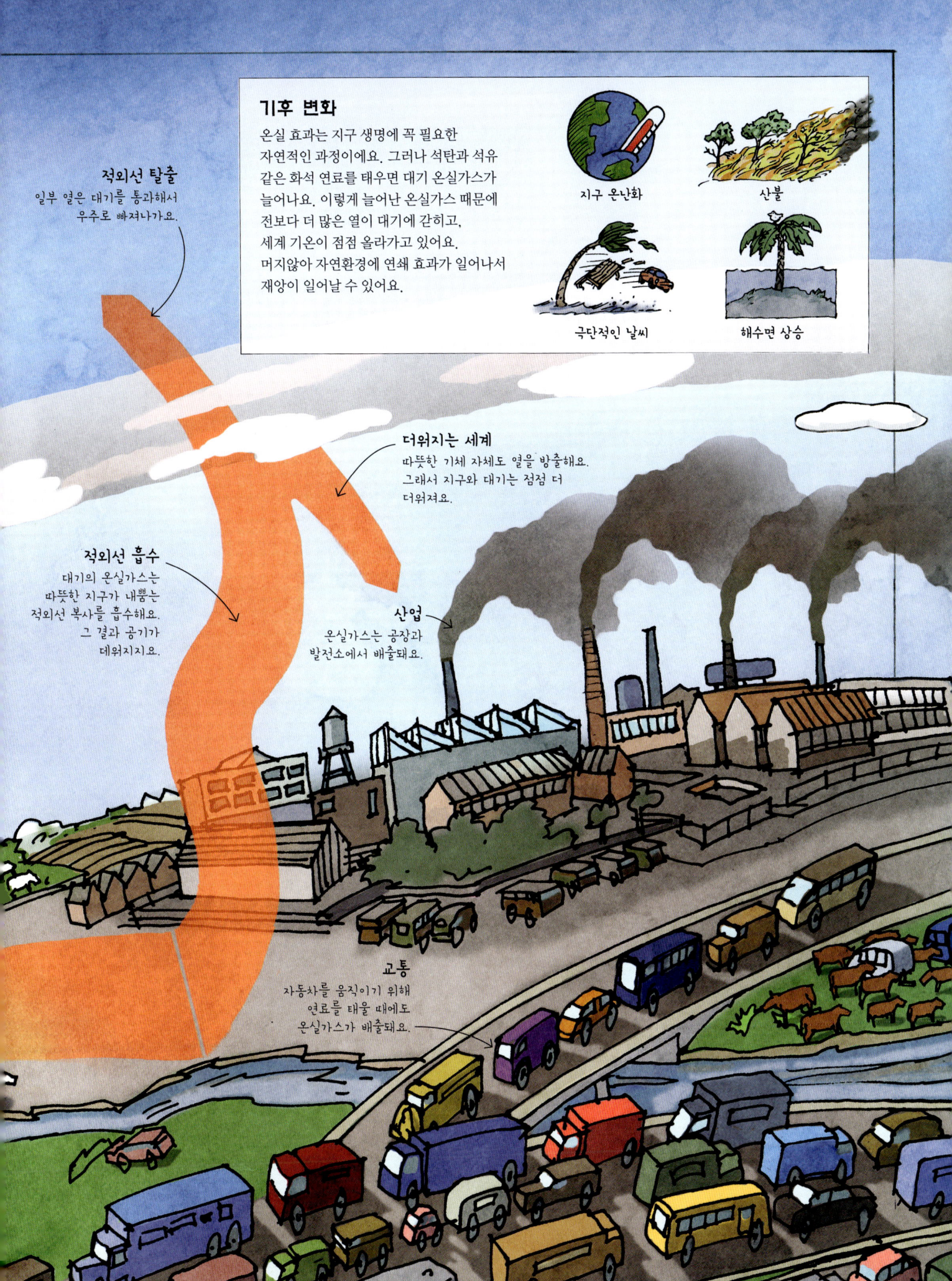

달

달은 넓은 우주에서 늘 지구 곁에 있는 친구예요. 아주 가까이 있어서 맨눈으로도 많은 특징들을 알아볼 수 있어요. 밤하늘에서 밝게 빛나지만, 스스로 빛을 내지는 않아요. 우리가 보는 달빛은 사실 햇빛이 반사되는 거예요. 지구와 달리 달은 죽은 세계예요. 생물이 살아갈 물도 공기도 없으니까요.

화성만 한 소행성이 지구에 충돌했어요.

달의 형성

달은 약 45억 년 전에 생겼어요. 어떻게 생겨났는지 확실히 아는 사람은 없어요. 가장 널리 알려진 이론은 지구가 막 생겼을 때 화성만 한 소행성이 충돌했다는 거예요. 충돌로 파편들이 지구 궤도로 흩어졌고, 그것들이 뭉쳐서 커다란 암석 덩어리가 되었다는 거죠.

달 탐사 우주복
진짜 우주복은 우주 비행사의 온몸을 감싸서 보호할 거예요.

달 표면에서

이 네발 달린 우주 비행사는 달의 울퉁불퉁한 표면을 자세히 살펴보고 있어요. 크레이터는 대부분 수십억 년 전에 소행성이 어린 달에 충돌해서 생겼어요. 가장 큰 충돌로 거대한 크레이터가 생기면, 달 지하에서 용암이 흘러나와서 파인 곳을 메웠어요. 용암은 식어 굳으면서 어두컴컴하고 드넓은 달의 바다가 되었지요. 물은 없어요.

달의 운동

달은 지구 궤도를 돌지만, 자전도 해요. 지구 궤도를 도는 시간과 자전하는 시간이 거의 같아요. 그래서 우리는 늘 달의 한쪽 면만 봐요. 또 달의 어느 쪽이 햇빛을 받는지에 따라서 달의 모양이 다르게 보여요. 이런 모습 변화를 달의 위상이라고 해요.

앞면
늘 지구를 보고 있는 쪽이에요. 뒷면보다 바다가 더 많고 크레이터가 더 적어요.

뒷면
이 낯선 쪽은 앞면보다 크레이터가 더 많아요.

삭(신월)

초승달 그믐달

상현달 하현

달의 위상

달은 궤도를 돌면서 모양을 바꾸는 듯해요. 달이 커질 때를 찬다고 하고 줄어들 때를 기운다고 하지요. 상현망과 하현망은 보름달에 가까운 달이고, 초승달과 그믐달은 한쪽 가장자리만 보이는 달이에요. 보름달은 앞면 전체가 햇빛을 받아서 환한 달이지요. 삭은 달의 뒷면에만 햇빛이 비칠 때를 말해요.

상현망 보름달 하현망

151

태양계

태양계는 우주에서 지구가 속한 동네라고 할 수 있어요. 태양계의 중심에는 태양이 있어요. 태양은 엄청난 중력으로 태양계 전체를 유지하고 있는 별이에요. 그 주위를 여덟 개의 행성이 돌고 있고, 그보다 더 작은 소행성, 왜행성, 혜성 등의 천체들이 수십억 개나 있답니다. 이 매머드는 지금 태양계의 주요 식구들을 보여 주고 있어요. 실제 천체들의 거리에 맞춘 것은 아니에요. 그랬다가는 종이가 작아서 다 표시할 수가 없거든요!

행성들

태양 가까이에 있는 네 개의 행성인 수성, 금성, 지구, 화성은 작은 암석형 행성이에요. 그 바깥에 있는 네 개의 행성은 커다란 가스형 행성이지요. 주로 수소와 헬륨으로 이루어져 있어요.

태양
이 밝고 뜨거운 기체 덩어리는 아주 커요. 지구 백만 개가 들어가고도 남아요.

수성

금성

지구

화성

목성

가장 큰 행성
목성은 다른 행성들을 다 더한 것보다 두 배 이상 무거워요.

토성

해왕성

소행성대
화성과 목성 사이의 궤도에는 소행성이라는 돌덩어리 수백만 개가 있어요.

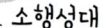

작은 식구들

행성은 태양계에서 가장 큰 식구들이에요. 그런데 궤도를 도는 더 작은 식구들도 아주 많이 있어요. 가장 멀리 있는 행성인 해왕성 너머, 태양계 외곽에 있는 것들도 많아요.

수성 (크기 비교용)

명왕성   에리스   케레스   하우메아   마케마케

왜행성

행성이라고 할 만큼 크지는 않고 대체로 공 모양을 한 커다란 천체들이에요. 에리스가 가장 큰데, 수성의 절반밖에 안 돼요. 지금까지 다섯 개가 발견되었지만, 아마 훨씬 더 많이 있을 거예요.

먼지 꼬리
가스 꼬리
코마

우주 항해자

혜성은 태양계 외곽에서 오는 손님이에요. 아주 길쭉한 궤도를 그리면서 태양을 돌지요. 태양 가까이 다가오면 암석과 얼음으로 된 중심핵에서 먼지와 가스가 피어오르면서 달무리처럼 빛나기도 해요. 이 빛나는 부분을 코마라고 해요. 그러면서 먼지와 가스로 된 꼬리가 길게 뻗어요.

거대한 얼음 행성
가장 추운 행성인 천왕성은 기온이 −224℃까지 떨어져요.

천왕성

궤도(공전 궤도)
행성들은 궤도라는 타원형 길을 따라서 태양 주위를 돌아요.

너무 멀어!

행성들의 궤도는 간격이 똑같지 않아요. 태양에서 더 먼 행성일수록, 궤도 사이의 간격은 더 늘어나요. 지구는 태양에서 1억 4960만km 떨어져 있어요. 해왕성은 그보다 무려 30배 더 멀리 있어요.

은하의 종류

은하는 중력으로 모여 있는 별, 가스, 먼지의 집합이에요. 은하는 모양과 크기가 다양하지만, 크게 네 가지로 나눌 수 있어요. 나선 은하, 막대나선 은하, 타원 은하, 불규칙 은하예요. 과학자들은 우주에는 수천억 개의 은하가 있을 것이라고 생각해요.

은하 중심에 긴 막대 모양이 있어요.

나선 은하   막대 나선 은하

타원 은하   불규칙 은하

블랙홀

과학자들은 대부분의 은하에는 중심에 초질량 블랙홀이 있다고 생각해요. 블랙홀은 엄청나게 많은 양의 물질이 원자 하나보다 작은 공간에 짓눌려 들어가서 생겨요. 중력이 아주 세서 블랙홀에 아주 가까이 다가가면 결코 빠져나오지 못해요. 빛조차도요.

은하수

우리 태양계는 은하수라는 은하에 속해 있어요. 지구에서 밤하늘에 볼 수 있는 별은 모두 은하수에 있어요. 우리는 은하 안에 있기 때문에, 은하수 전체의 모습을 볼 수 없어요. 하지만 이 털이 난 우주 여행자처럼 멀리서 볼 수 있다면, 은하수가 빛나는 거대한 소용돌이로 보일 거예요.

중심에서 뻗어 나온 나선팔

우주의 회전

은하수는 먼지와 가스로 된 거대한 구름과 수천억 개의 별로 이루어져요. 팔 네 개가 달려 있는 막대 나선 은하예요. 은하수의 모든 것은 중심에 있는 거대한 블랙홀 주위의 궤도를 돌고 있어요. 우주에서 보면 은하수도 계속 회전하고 있지요. 은하수가 아주 크기 때문에, 우리 태양계가 궤도를 한 바퀴 도는 데에는 2억 4천만 년이 걸려요. 은하수의 한쪽 끝에서 반대쪽 끝까지 가려면 수백만 년이 걸릴 거예요.

나선팔
나선형으로 휘어진 팔은
별 수십억 개, 가스와 먼지로 된
엄청나게 큰 구름,
아주 넓디넓은
텅 빈 공간으로
이루어져 있어요.

우리가 있는 곳
우리 태양계는 오리온팔에서
은하수의 중심과 바깥 가장자리의
중간쯤에 있어요.

안드로메다 찾기
이 매머드 우주 비행사는
은하수의 이웃 은하인
안드로메다를 보러
떠나는 중이에요.

용어 설명

ㄱ

가시 스펙트럼 - 빛 참조.

고체 - 입자가 촘촘하게 모여 있고, 모양을 유지할 수 있는 물질 상태.

광합성 - 식물 등이 이산화탄소, 물, 태양 에너지를 써서 양분을 만드는 화학 반응.

궤도 - 중력에 끌려서 한 물체가 다른 물체의 주위를 도는 길.

기체 - 입자들이 퍼져서 공간을 채우는 물질 상태.

꽃 - 식물의 번식 기관.

꽃가루 - 꽃이 만드는 작은 알갱이로서, 식물의 수 생식 세포.

꿀 - 꽃이 꽃가루 매개자를 꾀기 위해 만드는 달콤한 용액.

ㄴ

난자 - 암컷 생식 세포.

ㄷ

단백질 - 생물이 조직을 만드는 데 쓰는 물질.

대기 - 행성을 감싸고 있는 기체 층.

대류 - 열이 액체나 기체를 통해 전달되는 것.

도체 - 열이나 전기가 쉽게 흐를 수 있는 금속 같은 물질.

디엔에이(DNA) - 생물의 세포에서 생명의 명령문을 지닌 분자.

ㅁ

마그마 - 땅속 깊은 곳에 있는 녹은 암석.

마찰 - 두 물체가 서로 비벼질 때 생기는 힘.

매머드 - 약 4천 년 전에 멸종한 선사 시대 포유동물. 아시아코끼리의 가까운 친척임.

면역 - 세균이나 바이러스가 일으키는 질병을 막는 몸의 능력.

모세혈관 - 몸에서 가장 작은 혈관. 세포에 산소와 영양소를 공급하고 세포로부터 노폐물을 받아옴.

물질 - 우주의 모든 것을 이루는 재료.

밀도 - 질량을 부피로 나눈 값.

ㅂ

반사 - 빛이 물체에 부딪쳐서 다른 방향으로 나아가는 것.

방사선 - 파동 형태로 공간을 지나가는 에너지.

배설 - 몸이 세포의 노폐물을 제거하는 과정.

배수량 - 물체를 액체에 담갔을 때, 밀려나는 액체의 양. 배수량은 물체의 부피와 같음.

볼록 - 물체의 한가운데가 불룩 튀어나온 모양.

부력 - 유체에 든 물체를 밀어 올리는 힘.

부피 - 물체가 차지하는 공간.

분자 - 둘 이상의 원자가 결합된 것.

분해자 - 죽은 물질을 분해하여 영양소를 얻는 생물.

빛 - 전자기 스펙트럼 중 우리가 볼 수 있는 범위. 다양한 색깔의 빛은 가시 스펙트럼을 이룸.

ㅅ

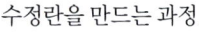

생물 - 살아 있는 것.

생산자 - 광합성을 통해 양분을 만들고, 동물들에게 먹히는 생물.

세균 - 단순한 단세포 생물 중 하나. 질병을 일으키는 것도 있음.

세포 - 생물의 가장 작은 단위.

세포핵 - 세포에서 DNA가 들어 있는 구조물. 핵이라고도 함.

소비자 - 식물이나 다른 동물을 먹는 동물.

소행성 - 화성과 목성 사이에 있는 크고 작은 돌덩어리.

소화 - 영양소를 흡수하기 위해 음식을 분화하는 것.

속도 - 물체가 움직이는 속력과 방향.

수정 - 암컷과 수컷의 생식 세포가 결합하여 수정란을 만드는 과정.

수증기 - 기체 상태의 물.

신경 세포 - 뉴런. 연결되어서 신경 신호를 전달하는 세포.

씨 - 양분을 지니고 새 식물로 자랄 수 있는 작은 식물 기관.

ㅇ

압력 - 특정한 면적을 누르는 힘. 또는 유체 입자들이 벽에 부딪치는 힘.

액체 - 입자들이 느슨하게 모여 있으면서 쉽게 떨어지는 물질 상태. 액체는 흐르며, 담긴 통의 모양에 따라 달라짐.

양성자 - 원자핵 안에 들어 있는 양전하를 띤 입자.

에너지 - 어떤 일이든 일어날 때마다 에너지는 전달됨. 다양한 방식으로 저장하고 전달할 수 있음.

염색체 - 세포핵에 들어 있으며, DNA를 지닌 실 같은 구조물.

엽록소 – 식물이 햇빛의 에너지를 얻는 데 쓰는 초록 색소.

엽록체 – 식물 세포에서 엽록소를 지니고 광합성을 하는 작은 구조물.

영양소 – 세포가 자라고 수선하는 데 필요한 화학 물질.

오목 – 물체가 안쪽으로 휘어진 모양.

온실가스 – 이산화탄소와 메탄처럼 대기에서 태양의 열을 흡수하는 기체.

원소 – 더 이상 쪼갤 수 없는 순수한 물질.

원자 – 물질의 성질을 지닌 가장 작은 단위로서, 양성자, 중성자, 전자로 이루어짐.

원자핵 – 원자의 중심에 있는 양성자와 중성자로 된 부분. 핵이라고도 함.

유체 – 액체나 기체.

응축 – 기체가 액체로 변하는 것. 액화라고도 함.

입자 – 물질의 아주 작은 알갱이.

ㅈ

자연 선택 – 덜 적응한 특징을 지닌 생물은 죽어 사라지고, 잘 적응한 특징을 지닌 생물은 살아남아서 유전자를 다음 세대로 전달하는 과정.

적도 – 지구의 한가운데를 에워싼 가상의 선.

적외선 – 가시광선보다 파장이 더 긴 복사선. 우리는 열이라고 느낌.

전기 – 하전 입자가 흐르면서 에너지를 전달하는 방식.

전도 – 고체 물질 사이에 열이나 전기를 전달하는 것.

전자기 스펙트럼 – 전자기 복사의 파장과 진동수의 범위.

전자 – 원자에 들어 있는 음전하를 띤 작은 입자.

절연체 – 열이나 전기가 잘 흐르지 못하는 플라스틱 같은 물질.

정자 – 수컷 생식 세포. 정자와 난자가 합쳐져서 생긴 수정란이 새 동물로 자람.

조상 – 더 나중에 생긴 동식물의 선조.

종 – 서로 비슷하면서 자손을 가질 수 있는 생물들의 집합.

중력 – 두 물체 사이의 당기는 힘.

중성자 – 원자핵에 들어 있는 중성 입자.

증발 – 액체가 기체로 변하는 것.

지각판 – 맨틀 위에 떠 있는 커다란 지각 덩어리.

지축 – 지구가 자전하는 중심축.

진화 – 생물이 시간이 흐르면서 자연 선택을 거쳐 변하는 것.

질량 – 물체에 든 물질의 양.

ㅊ

침식 – 암석과 퇴적물이 바람, 물, 얼음에 깎여 나가는 것.

ㅋ

칼이빨호랑이 – 위턱에 긴 송곳니를 지닌 멸종한 대형 고양이.

코끼리땃쥐 – 주둥이가 길고 설치류처럼 생긴 작은 포유류. 셍기라고도 함.

ㅌ

퇴적물 – 풍화한 암석, 무기물, 유기물이 쌓인 것.

ㅍ

파장 – 파동에서 두 마루 사이의 거리.

포유동물 – 새끼에게 젖을 먹이는 정온 동물.

풍화 – 암석이 시간이 흐르면서 바람, 비, 얼음에 깎여 나가는 것.

ㅎ

항력 – 액체나 기체 속을 움직이는 물체의 속도를 늦추는 힘.

항체 – 면역계가 만드는 화학 물질로서 세균과 바이러스를 찾아서 없애는 일을 함.

허상 – 거울이나 렌즈를 들여다볼 때, 빛의 반사 때문에 실제와 다른 곳에 있는 것처럼 보이는 물체의 모습.

현미경 – 아주 작아서 맨눈으로 잘 안 보이는 것을 확대하는 기구.

호흡 – 세포가 산소를 써서 양분에 든 에너지를 얻는 과정.

혼합물 – 둘 이상의 물질이 섞여 있는 것.

화합물 – 두 가지 이상의 원소에 속한 원자들로 이루어진 화학 물질.

회절 – 빛이 한 물체에서 다른 물체로 들어갈 때 방향이 꺾이는 것.

힘 – 물체를 밀거나 당기는 작용.

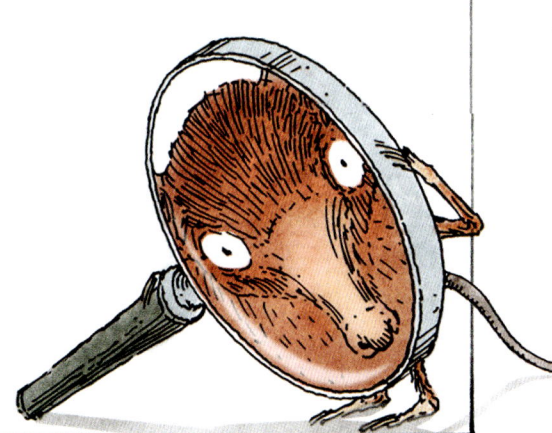

찾아보기

ㄱ
가계도 77
가로막 52, 53
가속도 110-111
가시광선 97
가열 10
가황 처리 15
각막 64, 65
갈비뼈 59
갈비사이근 52
감마선 97
감염 37, 68
감지 34, 35, 62, 63
강 143
거리 116
거울 반사 88
거울상 88, 89
곁뼈대 59
경첩 관절 59
계절 144-145
고막 66, 67
고무 14, 15
고생물학자 141
고세균 34
고체 8, 10-11, 12, 19/ 빛 86
골반 59
골수 58
공기 16, 52, 53, 90, 126, 150
공기 저항 120-121, 128
공룡 141
관절 59, 61
광선 86-93
광속 90, 96
광합성 39, 42, 43, 48, 49
구름 99, 142, 143
궤도/ 달 150/ 지구 144, 145/ 행성 152, 153
귀 66-67
귀인두관 67
귓바퀴 66
귓속뼈 67
균계 34
균형 66, 67
균형추 130
그림자 86-87
극지방 146, 147
근육 41, 52, 53, 55, 60-61, 62, 63
금 18
금성 152
금속 14, 19, 102
기관지 52

기체 9, 10-11, 12, 16, 17, 19, 25, 26, 82, 83/
　온실 효과 148-149/ 유체 압력 123
기후 146-147
기후 변화 149
꽃 44-45
꽃가루 44, 45
꽃밥 45
꽃잎 44

ㄴ
나비 70
나사 130, 131
나선 은하 154
난류 120-121
난반사 88
난자 40, 73
날개 129
날개꼴 129
날씨 144, 146-147, 149
노년기 71
노폐물 35, 52, 55, 56-57
녹 27
뇌 62, 63, 64, 66, 67, 90, 91
눈 63, 64-65, 86, 87, 89
눈동자 64
눈물 68
뉴턴 107

ㄷ
다이아몬드 18
단순한 기계 130-131
달 17, 116, 150-151
달 먼지 151
달팽이관 66, 67
당 42, 43, 51
대기, 지구 134, 135, 148, 149
대류 82, 83
대류권 134
대륙 135
도르래 131
도체 100
돋보기 91
동맥 54
동물/ 먹이사슬 48-49/
　생활 34, 134/
　서식지 146/ 세포 38, 40
드론 129
등자뼈 67
디엔에이(DNA) 37, 74-75
땀 56

ㄹ
렌즈 91
로켓 26, 114
리보솜 37
림프구 68

ㅁ
마그마 137, 138
마이크로파 96
마찰 118-119
마케마케 153
막대 나선 은하 154
말초 신경계 62
망막 64
맨틀 135, 136, 137
먹이 31, 50-51, 56, 57
먹이 그물 49
먹이 사슬 48-49
면역계 55, 68
명왕성 153
모세혈관 53, 54
목성 152
무게 12, 114, 115, 126, 127, 128, 129/
　질량 117
무기물 42
무성 생식 73
물 17, 22, 31, 56, 57, 90, 150/
　부력 126-127/ 상태 10, 11/
　식물 41, 42, 43/ 씨 퍼뜨리기 46/
　화석 140
물 순환 142-143
물관 41, 43
물리적 변화 24
물의 저항 121
물질 19, 20/ 상태 변화 10-11, 24/
　상태 8-9
물질의 특성 14, 18, 19
미토콘드리아 38
민무늬근 61
밀도 12-13, 126, 127
밑씨 45

ㅂ
바다 134, 135, 143
바람 146
바이러스 68, 69
바퀴 125, 130, 131
반사 88-89, 94, 95
반사 법칙 88
반투명 물질 86

발산형 경계 137
밧줄 15
방광 56, 57
방어 68-69
방향 106, 110
배설 56-57
배설물 47, 49, 51, 57
배수량 13
배아 47, 73
배터리 81, 101
백색광 92-93, 95
백혈구 40, 55
번데기 70
번식 35, 44-45, 71, 72-73, 75
변성암 138, 139
변형력 108-109
별 154, 155
병균 40, 68, 69
보존형 경계 137
복사선 82
볼록 거울 89
볼록 렌즈 91
부력 126-127
부피 12, 13
부화 73
분자 22-23
분해자 49
불규칙 은하 154
불꽃놀이 26-27
불의 3요소 28-29
불투명 물질 86
블랙홀 154
비 143, 146
비금속 19
비뇨계 56
비접촉력 107
비타민 51
비트는 힘 109
비틀림 109
비행 128-129
비행기 128-129
빗면 131
빛 42, 64, 65, 81, 86-87, 99/
　굴절 90-91/ 반사 88-89/ 백색광 92-93/
　색깔 보기 94-95/ 전자기 복사 96-97/
　직사광 144/ 화학 반응 25, 26, 28/
　회절 92, 93
뼈 58-59, 60
뼈대 58, 140
뼈대근 61

뼈세포 40, 41
뿌리 41, 42, 43, 47

ㅅ

산 30-31
산맥 137, 151
산불 149
산소 18, 21, 22-23, 27, 28, 40/ 광합성 42, 43/ 순환 54-55/ 지구 대기 134, 148/ 호흡 52-53
상피 세포 40
색깔/ 무지개 92-93/ 시각 94-95
생명 34-35
생산자 48, 49
생식 세포 40, 44, 45, 73
섬모 36
섬모체 65
섬유 15
성숙기 71
성장 35, 70-71
세균 34, 36-37, 38, 55, 68, 69
세기관지 52
세라믹 14, 109
세제 31
세포 35, 38-41, 51, 52, 56, 57
세포막 36, 38, 39
세포벽 36, 39
세포질 37, 38
소리 80, 81, 85
소리의 크기 85
소변 57
소비자 48-49
소행성 150, 152
소행성대 152
소화 24, 31, 37, 47, 50-51, 57, 62
속도 110
속력 110-111
수렴형 경계 137
수성 152
수소 18, 22-23, 152
수은 19
수정 44, 45, 73
수증기 10, 11, 142, 143
수직 꼬리 날개 128
수축 60
순환 54-55
승화 11
시각 신경 65
식도 31, 50, 51
식물 34, 42-43, 48, 134, 142/ 꽃 44-45/ 세포 39, 41/ 씨 46-47
식물성 플랑크톤 49
식세포 68
신경 신호 62, 64, 66, 67
신경계 41, 62-63
신경 세포 41, 62
심장 54, 55, 61
심장근 41, 61
싹 47
쐐기 131
씨 45, 46-47
씨 퍼뜨리기 46

ㅇ

아기 72-73
아열대 147
알루미늄 15
알칼리 30-31
암석 134, 135, 137, 138-139, 140-141, 152
암술머리 44
압력 122-123/ 유압 124-125
압축 108
애벌레 70
액체 8, 10-11, 12, 16, 17, 82, 83/ 유압 123, 124-125
액포 39
양력 128, 129
양성자 20, 21
어류 73
얼음 10, 11
엄마 58
에너지 11, 28, 35, 38, 41, 43, 48, 80-81, 82-87
에너지 전달 80, 81
에리스 153
엑스선 58-59, 97
여과 16, 17
연료 28, 29, 114
연소 28-29
열 24, 25, 26, 28, 29, 80, 81, 82-83, 99, 119, 139, 148, 149
열대 기후 146, 147
열매 45, 47
열성 유전자 75
열전달 82
염기 31
염기쌍 74, 75
염색체 73, 74
염소 19
엽록소 43
엽록체 39, 41, 43
영양소(양분) 35, 37, 41, 42, 43, 47, 48, 50, 51, 54, 55
오목 거울 88
오줌 56, 57
온대 147
온도 10, 82
온실 효과 148-149
왜행성 152, 153
요관 56
용수철 80, 81, 109
용암 138, 150, 151
용액 17
우림 142
우성 유전자 75
우주/ 달 150-151/ 은하수 154-155/ 중력 116, 117/ 지구 134-149/ 태양계 152-153
운동 신경 63
운동 에너지 80, 81
운동/ 가속도 110-111/ 생명 35/ 에너지 81/ 운동량 112-113
운동량 보존 113
원생동물계 34
원소 18-19, 21, 22
원자 19, 20-21, 22
위산 31
위장 50, 51
위치 에너지 80, 81
위팔두갈래근 60, 61
위팔세갈래근 60, 61
윗물 따라 내기 16, 17
유리 14, 109
유리 섬유 14
유선형 121
유성 생식 73
유아기 70
유압 124-125
유전 75
유전자 74, 75
유체/ 대류 83/ 힘 126/ 압력 123, 124
윤활 119
융기 138
융해 10, 11
은하 154
은하수 154-155
음높이 84, 85
음악 84
음파 66, 67, 84-85
응축 10, 11, 143

이산화탄소 28, 43, 52, 53, 57, 134, 148
일란성 쌍둥이 74
일산화탄소 28
입자 8-9, 10, 11, 12, 16-17, 19, 82, 83
잎 41, 42, 43, 47, 142

ㅈ

자극 102-103
자기 16, 102-103
자기장 102, 103
자석 102, 103
자연 선택 76, 77
자외선 97
작용과 반작용 114-115
작은창자 51
장력 108
재료 12, 14-15/ 변형 108-109
적도 144, 145, 146
적외선 82, 96, 97, 149
적혈구 40, 55
전구 100, 101
전기 에너지 81
전도 82
전도체 100
전류 100-101
전선 100-101
전원 100, 101
전자 20, 21, 22, 98, 99, 101
전자기 복사 96-97
전자기 스펙트럼 96
전자껍질 21, 22
전파 96
전하 20, 98-99
절구 관절 59
절연체 83, 100
점액 68, 69
접촉력 107
정맥 54
정자 40, 73
정전기 98-99
제동 장치 125
종 76, 77
주기율표 18
줄기 43
중력 107, 114-119, 128, 154
중성자 20, 21
중심핵 153
중앙 해령 137
중추신경계 62
증기 10, 11, 17, 142, 143

증류 17
증발 10, 11, 143
증산 142
지각 135, 136, 137, 138, 139
지구 117, 134-135, 152/ 계절 144-145/
　기후 146-147/ 달 150/ 물 순환 142-143/
　암석 138-139/ 온실 효과 148-149/
　판 구조론 136-137
지구 온난화 149
지렛대 130, 131
지방 세포 41
지시약 30
지진 137
지축 144, 145
지하수 143
진동 66, 67, 81, 82, 84-85, 96
진동수 85
진폭 85
진화 76-77
질량 12, 13, 82, 110-111, 112/
　중력 116/ 무게 117
질소 134, 148

ㅊ
차축 관절 59
창자 51, 57
척수 62
천왕성 153
철 19, 27, 102
청년기 70
청각 신경 66, 67
체관 41, 43
체질 16, 17
초점 65
초질량 블랙홀 154
최종 산물 25
추력 114, 115, 128

충돌 112, 113
치밀층 58
침 50, 68, 69
침식 138
침전 16

ㅋ
케레스 153
코끼리 76, 77
콜로이드 17
콩팥 56
크레이터 150, 151
큰창자 51, 57
클론 73

ㅌ
타원 은하 154
탄성 물질 108-109
탄성 에너지 81
탄성 한계 109
탄소 18, 19
탄소 섬유 14
탈바꿈 70
태반 73
태양 143, 148, 150, 151/
　지구 궤도 144, 145
태양계 152-153, 154, 155
토성 152
톱니바퀴 130, 131
퇴적 138, 140
퇴적암 138, 139
투명 물질 86

ㅍ
파장 93, 96-97
파충류 73
판 경계 136, 137

판 구조론 136-137, 138
팔 60-61
팔꿈치 61
편모 37
포도당 43
포식자 49
포유동물 34, 40, 44, 64, 127/
　번식 72, 73/ 한살이 70, 71
풍화 138
프로펠러 128, 129
프리즘 92, 93
피 51, 54, 55
피부 40, 56, 57, 68-69
피스톤 124, 125
피에이치(pH) 범위 30-31

ㅎ
하우메아 153
한살이 70-71
합성 물질 14
항력 120-121, 128
항문 57
항체 68
해면층 58
해수면 149
해왕성 152, 153
핵에너지 81
핵/ 세포핵 38/ 원자핵 20, 21, 22
햇빛 43, 47, 48, 92, 94, 146, 148
행성 152-153
허파 52-53, 57
허파꽈리 53, 57
헬기 129
헬륨 18, 126, 152
현탁액 17
혈관 53, 54, 55, 56
혈소판 55, 68

혈장 55
혜성 152, 153
호흡 35, 52-53, 56, 57, 62
혼합물 분리 16-17
홍채 65
화산 137, 138
화석 140-141
화석 연료 149
화성 152
화성암 138, 139
화약 26
화학 결합 22-23
화학 반응 14, 24-25, 28, 43/ 속도 26-27
화학 에너지 81
화합물 22, 139
확산광 144
회로 100-101
회전 날개 129
회전자(로터) 129
회절 90-91, 92
효소 31, 50
흑연 18
흡수(빛) 94-95
히스톤 74
힘 106-107/ 가속도 110-111/
　단순한 기계 130-131/ 마찰 118-119/
　변형력 108-109/ 부력 126-127/
　비행 128-129/ 압력 122-123/
　운동량 112-113/ 유압 124-125/
　자기 102-103/ 작용과 반작용 114-115/
　중력 116-117/ 항력 120-121
힘줄 60